我對於各家學說，依各國大學通例，循思想自由原則，兼容並包。無論何種學派，苟其言之成理，持之有故，尚不達自然淘汰之命運，即使彼此相反，也聽他們自由發展。例如陳介石、陳漢章一派的文史，與沈尹默一派不同；黃季剛一派的文學，又與胡適之的一派不同；那時候各行其是，並不相妨。對於外國語，也力矯偏重英語的舊習，增設法、德、俄諸國文學系，即世界語亦列為選科。

巧读·快读
现代名家
QIAO DU·KUAI DU
XIANDAI MINGJIA

读懂蔡元培

DUDONG CAI YUANPEI

黄旭东　编著

广西人民出版社

图书在版编目（CIP）数据

读懂蔡元培 / 黄旭东编著.—南宁：广西人民出版社，2014.12

（“巧读·快读”现代名家）

ISBN 978-7-219-09106-7

Ⅰ.①读… Ⅱ.①黄… Ⅲ.①蔡元培(1868～1940)－生平事迹 Ⅳ.①K825.46

中国版本图书馆CIP数据核字（2014）第229952号

监　　制　白竹林
策划编辑　田　珅
责任编辑　覃结玲
责任校对　唐柳娜
印前制作　麦林书装

出版发行　广西人民出版社
社　　址　广西南宁市桂春路6号
邮　　编　530028
印　　刷　广西大一迪美印刷有限公司
开　　本　875mm×1230mm　1/32
印　　张　7
字　　数　150千字
版　　次　2014年12月　第1版
印　　次　2014年12月　第1次印刷
书　　号　ISBN 978-7-219-09106-7/K·1537
定　　价　25.00元

目　录

第一辑　蔡元培的言

论政治　2

道德与修养　6

论教育　9

以美育代宗教　16

第二辑　蔡元培的行

第三辑　蔡元培大事记

蔡元培创造“新北大”　34

第四辑　蔡元培小传

科举考试那些事　74

投身教育，一波三折　82

教育救国，中国教育会与爱国学社　88

革命岁月，暗杀团与光复会　95

好事多磨去德国，留学不忘祖国　99

教育总长生涯，教育改革初见成效　102

再度赴欧，德、法之旅　106

执掌北大，最璀璨的人生篇章　109

生命余光，主持中央研究院工作　118

第五辑　蔡元培著作精选

就任北京大学校长之演说　122

不肯再任北大校长的宣言　126

我在北京大学的经历　128

对于新教育之意见　139

普通教育和职业教育（节选）

——在新加坡南洋华侨中学演说词　148

教育独立议　155

大学教育　158

文化运动不要忘了美育　164

美育实施的办法　167

华工学校讲义（节选）　175

对于学生的希望

——在湖南长沙的第七次演讲　196

说青年运动　202

怎样才配做一个现代学生　204

牺牲学业损失与失土相等（节选）　212

孔子之精神生活　214

第一辑　蔡元培的言

论政治

一国之人，托生命于其国之政治。政治者，以实事为究竟也。然而有思想而后有言论，有言论而后有实事，是故以思想为言论、实事之根源。然而思想之为物也，非能孑然而孤立、画然而凝结者，必激动于外界之所感而生长，而变迁，则有以言论、实事为思想之根源，其际如循环也。

《创办〈外交报〉叙例》

夫思想顽钝，赖言论以破之；言论暧昧，则藉事实以画之。然而研地学者，必取资于图绘，习制造者，或效象于雏形，事实一界，非空言所能发也。

《创办〈外交报〉叙例》

盖所谓共和国国民之程度，固不必有一定之级数，而共和思想之要素，则不可以不具。尚公德，尊人权，贵贱平等，而无所谓骄谄，意志自由，而无所谓徼幸，不以法律所不及而自恣，不以势力所能达而妄行，是皆共和思想之要素，而人人所当自勉者也。我国素以道德为教义，故风俗之厚，轶于殊域，而数千年君权、神权之影响，迄今未沫，其与共和思想抵触者颇多。同人以此建设兹会，以人道主义去君权之专制，以科学知识去神权之迷信。条举若干事，互相策励，期以保持共和国民之人格，而力求进步，以渐达于大道为公之盛，则斯会其嚆矢矣。

《社交改良宣言》

凡有权利，则必有与之相当之义务；而有义务，则亦必有与之相当之权利，二者相因，不可偏废。我有行一事保一物之权利，则彼即有不得妨我一事夺我一物之义务，此国家与私人之所同也。是故国家既有保护人之义务，则必有可以行其义务之权利；而人民既有享受国家保护之权利，则其对于国家，必有当尽之义务，盖可知也。

《（订正）中学修身教科书》

官吏之职，公众之职也，官吏当任事之时，宜弃置其私人之资格，而纯以职位上之资格自处。

《（订正）中学修身教科书》

所谓自由，非放恣自便之谓，乃谓正路既定，矢志弗渝，不为外界所征服。孟子所称“富贵不能淫，贫贱不能移，威武不能屈”者，此也。准之吾华，当曰义。所谓平等，非均齐不相系属之谓，乃谓如分而与，易地皆然，不以片面方便害大公。孔子所称“己所不欲，勿施于人”者，此也。准之吾华，当曰恕。所谓友爱，义斯无歧，即孔子所谓“己欲立而立人，己欲达而达人”。张子所称“民胞物与者”是也。准之吾华，当曰仁。仁也、恕也、义也，均即吾中国古先哲所旌表之人道信条，即征西方之心同理同，亦当宗仰服膺者也。

《在育德学校演说之述意》

民有、民治、民享，是共和国的真相，而以民治为骨干。因为人民若不能自治其国，则政府有“日蹙百里”的现象，人民亦无可如何，何所谓民有？又使政府凭“朕即国家”的蛮力，苛征暴敛，使人民有救死不瞻之苦，而无乐其乐，利其利之感，何所谓民享？

《民治起点》

国家者，由独立之主权，临于一定之土地、人民，而制定法律以统治之者也。凡人既为社会之一员，而持社会之道德，则又为国家之一民，而当守国家之法律。盖道德者，本以补法律之力所不及；而法律者，亦以辅道德之功所未至，二者相须为用。苟悖于法律，则即国家之罪人，而决不能援社会之道德以自护也。惟国家之本领，本不在社会。是以国家自法律范围以外，决不干涉社会之事业，而社会在不违法律之限，亦自有其道德之自由也。

《中学修身教科书》

道德与修养

修己之道不一，而以康强其身为第一义。身不康强，虽有美意，无自而达也。康矣强矣，而不能启其知识，练其技能，则奚择于牛马，故又不可以不求知能。知识富矣，技能精矣，而不率之以德行，则适以长恶而遂非，故又不可以不养德性。是故修己之道，体育、知育、德育三者，不可以偏废也。

《中学修身教科书》

独立者，自尽自职而不依赖于人是也。人之立于地也，恃己之足，其立于世也亦然。以己之心思虑之，以己之意志行之，以己之资力营养之，必如是而后独立，亦必如是而后得谓之人也。夫独立，非离群索居之谓。人之生也，集而为家族，为社会，为国家，乌能不相互扶持，互相挹注，以共图团体之幸福。而要其交互关系之中，自一人之方面言之，各尽其对于团队之责任，不失其为独立也。独立亦非矫情立异之谓。不问其事之曲直利害，而一切拂人之性以为快，是顽冥耳。与夫不问曲直利害，而一切徇人意以为之者奚择焉。惟不存成见，而以其良知为衡，理义所在，虽刍荛之言，犹虚己而纳之，否则虽王公之命令，贤哲之绪论，亦拒之而不惮，是之谓独立。

独立之要有三：一曰自存；二曰自信；三曰自决。

《中学修身教科书》

少壮之时，于修学为宜，以其心气尚虚，成见不存也。及是时而勉之，所积之智，或其终身应用而有余。否则以有用之时间，养成放僻之习惯，虽中年悔悟，痛自策励，其所得盖亦仅矣。朱子有言曰：勿谓今日不学而有来日；勿谓今年不学而有来年，日月逝矣，岁不我延，呜呼老矣，是谁之愆？其言深切著明，凡少年不可不三复也。

《中学修身教科书》

修学者得良师，得佳书，不患无进步矣。而又有资于朋友，休沐之日，同志相会，凡师训所未及者，书义之可疑者，各以所见，讨论而阐发之，其互相为益者甚大。有志于学者，其务择友哉。

《中学修身教科书》

言为心声，而人之处世，要不能称心而谈，无所顾忌。

苟不问何地何时，与夫相对者之为何人，而辄以己意喋喋言之，则不免取厌于人。且或炫己之长，揭人之短，则于己既为失德，于人亦适以招怨。至乃讦人阴私，称人旧恶，使听者无地自容，则言出而祸随者，比比见之。人亦何苦逞一时之快，而自取其咎乎？

《中学修身教科书》

论教育

教育有二大别：曰隶属于政治者，曰超轶乎政治者。专制时代（兼立宪而含专制性质者言之），教育家循政府方针以标准教育，常为纯粹之隶属政治者。共和时代，教育家得立于人民之地位以定标准，乃得有超轶政治之教育。

《对于新教育之意见》

民国教育与君主时代之教育，其不同之点何在？君主时代之教育方针，不从受教育者本体上着想，用一个人主义或用一部分人主义，利用一种方法，驱使受教育者迁就他之主义。民国教育方针应从受教育者本体上着想，有如何能力，方能尽如何责任；受如何教育，始能具如何能力。

《全国临时教育会议开会词》

我中国人向有一弊，即是自大；及其反动，则为自弃。自大者，保守心太重，以为我中国有四千年之文化，为外国所不及，外国之法制皆不足取；及屡经战败，则转而为崇拜外人，事事以外国为标准。有欲行之事，则曰是某某国所有也；遇不敢行之事，则曰某某等国尚未行者，我国又何能行？此等几为议事者之口头禅，是由自大而变为自弃也。

《全国临时教育会议开会词》

教育者，养成人格之事业也。

《一九〇〇年以来教育之进步》

大学为纯粹研究学问之机关，不可视为养成资格之所，亦不可视为贩卖知识之所。学者当有研究学问之兴趣，尤当养成学问家之人格。

《北大一九一八年开学式演说词》

所谓大学者，非仅为多数学生按时授课，造成一毕业生之资格而已也，实以是为共同研究学术之机关。研究也者，非徒输入欧化，而必于欧化之中为更进之发明；非徒保存国粹，而必以科学方法，揭国粹之真相。

《〈北京大学月刊〉发刊词》

大学者，“囊括大典，网罗众家”之学府也。《礼记·中庸》曰“万物并育而不相害，道并行而不相悖”。足以形容之。如人身然，官体之有左右也，呼吸之有出入也，骨肉之有刚柔也，若相反而实相成。各国大学，哲学之唯心论与唯物论，文学、美术之理想派与写实派，经济学之干涉论与放任论，伦理学之动机论与功利论，宇宙论之乐天观与厌世观，常樊然并峙于其中，此思想自由之通则，而大学之所以为大也。

《〈北京大学月刊〉发刊词》

"诚"字之义，不但不欺人而已，亦必不可为他人所欺。盖受人之欺而不自知，转以此说复诏他人，其害与欺人者等也。

《科学之修养》

勇敢之意义，固不仅限于为国捐躯、慷慨赴义之上。凡作一事，能排除万难而达其目的者，皆可谓之勇。科学之事，困难最多。如古来科学家往往因试验科学致丧其性命，如南北极及海底探险之类。又如新发明之学理，有与旧传之说不相容者，往往遭社会之迫害，如哥白尼、伽利略之惨祸。可见研究学问，亦非有勇敢性质不可：而勇敢性质，即可于科学养成之。大抵勇敢性有二：其一发明新理之时，排去种种之困难阻碍；其二，既发明之后，敢于持论，不惧世俗之非笑。凡此二端，均由科学所养成。

《科学之修养》

我国旧社会依赖之风最盛。如乞丐，固人人所贱视矣。然而纨绔子弟也，官亲也，帮闲之清客也，各官署之冗员也，凡无所事事而倚人以生活者，何一非乞丐之流亚乎？

《华工学校讲义》

法之拉马尔克，英之达尔文，发明世界进化之理。达氏虽有自然淘汰优胜劣败之说，然亦就生物界之现象而假定之，初未尝用以推断一切之事物。自尼采以此义为世界进化之唯一条件，而悬为道德之标准，于是竞强汰弱之义大行，而产出德国之军国主义。

《致〈新青年〉记者函》

一个民族或国家要在世界上立得住脚——而且要光荣地立住——是要以学术为基础的。……学术昌明的国家，没有不强盛的；反之，学术幼稚和知识蒙昧的民族，没有不贫弱的。……试问在现代的学术界，我们中国人对于人类幸福有贡献的究竟有几个人呢？

《怎样才配做一个现代学生》

天下没有一劳永逸的事情，若说今天这样，便可永远这样，这是大误。

《普通教育和职业教育》

学校教育注重学生健全的人格，故处处要使学生自动。通常学校的教习，每说我要学生圆就圆，要学生方就方，这便大误。最好使学生自学，教者不宜硬以自己的意思压到学生身上。不过看各人的个性，去帮助他们作业罢了。

《普通教育和职业教育》

大学以思想自由为原则。在中古时代，大学教科受教会干涉，教员不得以违禁书籍授学生。近代思想自由之公例，既被公认，能完全实现之者，厥惟大学。大学教员所发表之思想，不但不受任何宗教或政党之拘束，亦不受任何著名学者之牵掣。苟其确有所见，而言之成理，则虽在一校中，两相反对之学说，不妨同时并行，而一任学生之比较而选择，此大学之所以为大也。大学自然为教授、学生而设，然演进既深，已成为教员与学生共同研究之机关。所以一种讲义，听者或数百人以致千余人；而别一种讲义，听者或仅数人。在学术上之价值，初不以是为轩轾也。如讲座及研究所之设备，既已成立，虽则无一学生，而教员自行研究，以其所得，贡献于世界，不必以学生之有无为作辍也。

《大学教育》

吾国学生游学他国者，不患其科学程度之不若人，患其模仿太过而消亡其特性。

《在清华学校高等科演说词》

学问之成立在信，而学问之进步则在疑。非善疑者，不能得真信也。读古人之书，闻师友之言，必内按诸心，求其所以然之故。或不所得，则辗转推求，必逮心知其意，毫无疑义而后已，是之谓真知识。若乃人云亦云，而无独得之见解，则虽博闻多识，犹书簏耳，无所谓知识也。至若预存成见，凡他人之说，不求其所以然，而一切与之反对，则又怀疑之过，殆不知学问为何物者。盖疑义者，学问之作用，非学问之目的也。

《中学修身教科书》

哲学自疑入，而宗教自信入。哲学主进化，而宗教主保守。哲学主自动，而宗教主受动。哲学上的信仰，是研究的结果，而又永留有批评的机会；宗教上的信仰，是不许有研究与批评的态度。所以哲学与宗教是不相容的。世人或以哲学为偏于求真方面，因而疑情意方面，不能不借宗教补充；实则哲学本统有知情意三方面，自成系统，不假外求的。

《简易哲学纲要》

学问是各种有系统的知识；研究学问，是接受一种有系统的知识，而窥破他尚有不足或不确的点，专心研求，要有一种新发明或新发现，来补充他，或改正他。所以，不能接受一种有系统的知识及与有关系的知识，不能谈研究。已接受一种有系统的知识，而不尽力于新发明或新发现，也就不是研究。

《为什么要研究学问》

孔子所处的环境与二千年后的今日，很有差别；我们不能说孔子的语言，到今日还是句句有价值，也不敢说孔子的行为，到今日还是样样可以做模范。但是抽象的提出他精神生活的概略，以智、仁、勇为范围，无宗教的迷信而有音乐的陶养，这是完全可以为师法的。

《孔子之精神生活》

我们读书有两法：一是取材的读法，读了一本书，把我们所需要的材料取得了；就是著这本书的人，还著了许多别的书，可以不问；著书人的品性与行为，也或可以不问。一是尚友的读法，读了一个人的著作，觉得是他人格的表现，受了很深刻的影响，非把他完全的人格认识了，不能满意；于是不能不考究他的生平了，要考究著书人的生平。凭他人所作的传记或年谱，不及自传的确实，是无可疑的。

《卢梭〈忏悔录〉序》

以美育代宗教

美学观念者，基本于快与不快之感，与科学之属于知见，道德之发于意志者，相为对待。科学在乎探究，故论理学之判断，所以别真伪；道德在乎执行，故伦理学之判断，所以别善恶；美感在乎赏鉴，故美学之判断，所以别美丑，是吾人意识发展之各方面也。

《哲学大纲》

中国之画，与书法为缘，而多含文学之趣味。西人之画，与建筑、雕刻为缘，而佐以科学之观察，哲学之思想。故中国之画，以气韵胜，善画者多工书而能诗。西人之画，以技能及意蕴胜，善画者或兼建筑、图画二术。而图画之发达，常与科学及哲学相随焉。

《华工学校讲义》

说者谓救济道德，莫如提创宗教。

《教育界之恐慌及救济方法》

科学与美术有不同的特点：科学是用概念的，美术是用直观的。

《美术与科学的关系》

美术所以为高尚的消遣，就是能提起创造精神。从前功利论，以为人必先知有相当权利，而后肯尽义务；近来学者，多不以为然。罗素佩服老子“为而不有”一语，他的学说，重在减少占有的冲动，扩展创造的冲动，就是与功利论相反的。但这种减少与扩展的主义，可用科学证明。这种习惯，只有美术能养成他。因为美术一方面有超脱利害的性质，一方面有发展个性的自由，所以沉浸其中，能把占有的冲动逐渐减少，创造的冲动逐渐扩展。美术的效果，岂不很大么？

《在爱丁堡中国学生会即学术研究会演说词》

一民族之文化，一面在知识之发展，一面则赖其品性优良。向来称优良之品性为道德。道德不是绝对的，是相对的，是因各地方时期的不同而定的。不过其中有一抽象的原则，是不可不注意的，此原则即为“爱人如己”。

《复兴民族与学生》

我向来主张以美育代宗教，而引者或改美育为美术，误也。我所以不用美术而用美育者，一因范围不同。欧洲人所设之美术学校，往往只有建筑、雕刻、图画等科，并音乐、文学，亦未列入。而所谓美育，则自上列五种外，美术馆的设置，剧场与影戏院的管理，园林的点缀，公墓的经营，市乡的布置，个人的谈话与容止，社会的组织与演进，凡有美化的程度者，均在所包，而自然之美尤供利用，都不是美术二字所能包举的。二因作用不同，凡年龄的长幼，习惯的差别，受教育程度的深浅，都令人审美观念互不相同。

《以美育代宗教》

第二辑　蔡元培的行

蔡元培从小性格沉静，尤其喜欢看书，一旦沉入书中，什么事都影响不了他。一次他在楼上房间看书，突然家人大叫起来，原来家中某处起火了，且火光越来越大，渐有蔓延之势。家人都慌乱起来。他的哥哥想起蔡元培还在楼上看书，就急忙上来叫道："起火了，快下楼！"谁知蔡元培依然翻着书说："知道了。"哥哥见他沉迷于书中，镇定自若，只得转身下楼和家人加紧灭火。待火灭下去，哥哥上楼，见蔡元培举起书高兴地说："我终于把这本书看完了，这本书写得太好了！"

蔡元培的母亲患上了重病，久未治愈。蔡元培想起当年祖母病重，七祖父割臂肉入药，祖母的病竟然好了，于是他也悄悄割下一块臂肉放进药里，给母亲服下。因手臂受伤，不能使劲，被他的哥哥发现，在哥哥的追问下，蔡元培只得承认自己割肉救母的事情。母亲听说后，感动得热泪盈眶。

蔡元培与第一任妻子王昭的婚姻，属于母亲包办的旧式婚姻，二人开始谈不上有丝毫感情。蔡元培有大男子主义思想，要求王昭无条件服从他，因而二人经常吵架。后来，蔡元培接受了西方男女平等的思想，决定调整与妻子的关系。于是，他以男女平等为出发点，写出了《夫妻公约》，二人从此开始相互了解和理解，过起了幸福的生活。

虽然蔡元培读书遵循传统的学以致仕的路径，但他的读书范围非常广，完全逾出了四书五经这类用于考试的读物。随着年龄的增加，他凭兴趣读书的趋向更加明显，就是所写的八股文也和别人不一样，被人称之为“怪八股”。没想到，就是这样的“怪八股”竟然让他中了举人。

在成为贡士后，蔡元培回到家乡，应邀到上虞县编修县志。他对传统的县志编法大加创新，使得新的县志与以往的有很多不同，这引起了一起编修县志的同事的嘲笑。于是蔡元培特意撰文说明自己如此编修的理由，不料同事们依然墨守成规，不认同他的创新，蔡元培于是辞职而去。

蔡元培虽然没将科举致仕当作读书的首要目的，但他的科考之路却是一片坦途。他 17 岁中秀才，21 岁中举人，22 岁中贡士，24 岁考为进士，26 岁被授予翰林院编修。短短几年间，年纪轻轻的蔡元培就达到了科举时代一个读书人所能到达的最高峰，真是令时人羡慕。

甲午战争战败后，举国深感改革之急迫。以康有为、梁启超为首的维新派得到了皇帝和时人的认可与推崇，一时成了朝野显赫的人物，不少人都以能结识他们为荣。蔡元培对维新派的主张也非常赞赏，在维新派中，他尤其佩服谭嗣同。对身处翰林院的他来说，要结交维新派人物乃是极为容易的事，但他没有主动去结交，因为这样很可能被人们认为是趋炎附势。

维新派里少数人士因为一时受到皇帝重用而得意忘形，说起以慈禧为首的一批守旧人士，满脸不屑，甚而不顾身份地肆意毒骂。蔡元培很不喜欢这样的人，他认为不论做什么，都不能采取这样有失做人准则的方式。

1898 年 9 月 21 日，维新变法运动被慈禧扑灭。蔡元培对腐败不堪的清廷失去希望，10 月，乃果决放弃高官厚禄，离开了士人所欣羡的翰林院，离开了京城，回到家乡，从此开启了他投身教育事业的征程。

蔡元培主持绍兴府学堂时，师生逐渐分化为新旧两派，常发生争辩，每在午餐和晚餐时最为集中。学堂餐厅放多张方桌，每桌教员一位、学生六位，凡不与学生同桌的教员同坐中间圆桌，随意争论。师生多数持新派主张，旧派势单力薄。校董也是旧派人物，他婉劝蔡元培对旧派采支持态度。此时的蔡元培倾心新学，对新派知识分子非常欣赏，而今见校董出面如此劝告，他实在不愿违心，乃愤而辞职。

任教于上海南洋公学期间的蔡元培，倡导学子要多学外语，并以身作则，拜马相伯为师学习拉丁语。因为他的左脚动过手术，走路不是很方便，所以，为避免迟到，他每天很早就出发。有时天不亮就到了马相伯的楼下，他在外叫道："老师！老师！"马相伯从梦中醒来，推窗一看是蔡元培，就说："太早了，你八点钟再来吧！"于是，蔡元培立刻转身离开，再次来到时，刚好是八点。他对此往返没有一点怨言。马相伯对蔡元培如此认真诚恳的态度十分感动。

第一任妻子王昭 1900 年去世后，作为名人的蔡元培经常面对各方人士的上门提亲。他不胜其烦，于是郑重写下自己的结婚条件，张贴于门口的墙上：第一必须是没有缠足的女性；第二必须是识字的女性；第三男子不得取妾；第四如果夫妻感情不和，可以离婚；第五，如果丈夫先死，妻子可以改嫁。这些内容很快流传开来，这在女子无才便是德，嫁夫后就从一而终的当时看来，简直是大逆不道。从此，再也没人上门提亲了。

1902 年，蔡元培与黄仲玉举行婚礼。他一改传统婚礼习俗，将婚礼办成了一场关于"妇女解放"的演说会。参加婚礼的人各执己见，有的支持男女平等，但觉得男女难以平等，并举例说：如果夫人的学识超过蔡先生，那么蔡先生应对夫人执弟子礼；而反之，夫人则该对蔡先生执弟子礼。这样一来，男女怎能平等？蔡元培最后做了总结发言：就学识来讲，人人都有高下之分，但是就人格来说，男女依然是平等的。众人纷纷赞同，婚礼也在热烈的辩论中结束了。

上海南洋公学“墨水瓶事件”后，因为校方的蛮横，学生集体退学，蔡元培也愤而辞职。但是退学的学生面临失学的危险。蔡元培和几位朋友费尽心力到处筹集款项，为这些失学的学生筹办一所学校，但筹款的进展十分艰难。就在蔡元培他们都要绝望的关头，南京的一位友人来电说愿意提供一笔款项，但必须由蔡元培到南京亲取。就在蔡元培登船前往时，夫人赶到码头说孩子病得厉害，恐怕是不行了，蔡元培五内俱焚……他最终含着眼泪登船去了南京，取到款项即刻赶回上海，可是儿子已经死了。当他进屋看见儿子的遗容时，一头栽倒在地。

1904 年，慈禧太后大张旗鼓地办起了奢靡的生日礼。蔡元培对此很是愤懑，这位翰林有感于清廷面对列强屡屡失地的现状，写了一篇文章叫作《万寿无疆》，讽刺清廷“每逢万寿，必定丧失土地”。

袁世凯登基之后，身为民国教育部部长的蔡元培递上了辞呈。袁世凯说：“我代表全中国四万万人挽留你。”蔡元培立刻回答：“元培亦对四万万人之代表而辞职。”并在袁世凯的笑容还僵在脸上的时候，起身而去。

1917年1月4日，蔡元培前往北大就任校长，学校全体员工都列在校门口迎接。因为历来北大的校长都被当作官员对待，所以员工们也都以逢官员就拜的礼仪迎接蔡元培。哪料，马车来到校门口，蔡元培见此，下得马车来，摘下礼帽，对人们鞠躬敬礼，边和颜悦色地说：“谢谢诸位，大家辛苦了！”

北大的校务会议大都用英语开会，蔡元培来到后改为中文，这引起了外国教授的反对。蔡元培说：“如果我在贵国大学教课，是不是因为我是中国人，你们开会时就说中国话呢？”

北大的外国教授，实际上有不少是不学无术的家伙，只是仗着有各国大使馆撑腰，久留北大不去。蔡元培决定解除这些教授的聘请合约。其中，有些国家的驻华公使因之威胁蔡元培：你连公使都敢得罪，我看你还能当几天校长！蔡元培不惧威胁，聘请了律师，在法庭上使得这些混饭吃的教授离开了北大。

蔡元培看上了陈独秀的学识，决定聘请他到北大任职。当他来到陈独秀居住的旅馆时，习惯晚睡晚起的陈独秀还没起床，于是，他就坐在旅馆门口等待，直到陈独秀起来。

24岁的梁漱溟报考北大未果。但蔡元培看见他发表的几篇关于印度哲学的论文很是精彩，说："梁漱溟当北大学生没有资格，那就聘请他来北大当教授吧。"于是前去聘请梁漱溟来北大哲学系任职。年轻的梁漱溟诚惶诚恐，连忙拒绝。蔡元培微笑着说："你说你教不了印度哲学，那么，你知道有谁能担当此任呢?"梁漱溟想了半天，摇了摇头。蔡元培于是说："我们都一样，没有找到真正能够教授印度哲学的人，相互比较都差不多，还是你来吧！既然你爱好哲学，我就把许多哲学爱好者都聚到北大来，也别总想着自己是在当老师教课，你就只当与爱好者合作研究，相互切磋罢了。你看如何?"最终，梁漱溟答应来北大任教，很快成为国内著名的年轻学者。

北大新潮派学生十分反感一心想复辟、拥戴君主的辜鸿铭和刘师培，他们不断攻击这二人，想将这二人驱逐出北大。蔡元培制止了学生们的举动，语重心长地对学生们说："我希望的是你们学习辜先生的英文以及刘先生的国学，并不是要你们跟着去拥护复辟或者君主立宪。”

陈独秀、胡适发起的新文化运动，遭到了北京不少上层守旧人士包括北洋政府的攻击，北大内部也有不少人对陈独秀的言行颇为不满。校内外的压力，最终使当年引荐陈独秀进北大的汤尔和和沈尹默也顶不住了，于是建议开除陈独秀。蔡元培听完，说：“你们不必说了，北京大学的一切事情，都包在我蔡元培一人身上，这些事情与陈独秀、胡适他们毫不相干。”

胡适与梁漱溟对孔子的看法不同，蔡元培就决定让他们二人同开一门课，让学生自由选择。

北大一名学生有些官僚习气，因此常常遭到同学们的厌恶和嘲笑。于是，不停地有取笑这名学生的小字报出现，其中就有傅斯年所写的。蔡元培知道这件事后，在一次大会上郑重地讲道：“校园中有不少同学在墙壁上贴小字报攻击某君，这是不符合做人的道理的。如果有谁对某君确实有不满的地方，你可以当面向他指出来，进行劝导。如果你们认为这种事无法劝，完全能向学校反映，这才是正确的做法。你们匿名写小字报，就算被批评的人真的有过错，对方不见得因此悔改，反而会引起报复心理，而批评的人却从此丧失了良好的品德。今天有小字报，明天就会有大字报，如此发展下去，你们的品德只会变得越来越堕落。”

湖南乡下学生马兆北（字元材）考取了北大，不想兴冲冲来到北大，却见布告栏写道：凡是新生报到，必须上交一份有北京官员签名的入学保证书。马兆北哪认识北京的官员，愤而写信给蔡元培说，本来慕名来北大，没想到北大竟然要这样签有官员名字的东西，实在是失望，并说，他宁愿退学，也不向官僚低头。于是他返回了湖南。不料，到家没几日，他收到一封信，打开一看，竟然是蔡元培的亲笔信，信开头即称“元材先生”。信内承认北大此规定确实需要改变，但改变需要教授会讨论通过才行。在此规定没有变更前，请马兆北到北大校长办公室找秘书长代为签字即可。马兆北异常感动，立刻重返北京。

一天，蔡元培和陈独秀等人在校园附近散步，听说有不少在北大旁听的学生就住在附近，就决定前往看看。他们走进一间破烂的房间，见一名青年正在看书，桌上放着两只冷硬的馒头。他们的来访吓坏了小青年，小青年说：“我是个穷学生，实在没有钱，连办理旁听证的钱都没有……”蔡元培连连摆手，说：“明天你到我办公室领旁听证吧。”语毕领着小青年到馆子里好好吃了一顿。

蔡元培潜心学问，对吃饭一事却十分随便。他的夫人说他“稀饭也吃，干饭也吃，焦饭也吃”。

蔡元培赴德国莱比锡游学，因听李石曾谈及食肉有害，正好他又读了列夫·托尔斯泰著作中关于打猎的惨状描写，于是宣布此后不再食肉，还劝告朋友寿孝天说：“蔬食有三义：一卫生；二戒杀；三节用。”并表明自己蔬食就是因为戒杀。

一次，蔡元培和学生开座谈会，问在场的学生们：“一加一等于几?”在座的学生们个个百思不得其解，以为蔡元培此问有什么高深的学问，于是都不敢贸然回答。过了很久才有一个学生鼓足勇气说：“先生，一加一等于二。”蔡元培当即大笑说：“对嘛。一加一就等于二。你们这样崇拜甚至迷信偶像，竟然连真理都不要了。”

1922年10月，北大教务会议通过一项议案，因讲义印刷需要费用，规定需要讲义的学生必须先购讲义券，然后才可得到讲义。每学期每门课收讲义费一元，平均每学期每位学生负担不过六七元。数百学生马上集合示威，反对此项规定，包围蒋梦麟总务长，要求收回成命。蔡元培闻讯，非常震惊，立即赶到现场，告谕学生必须服从学校规定。多数学生散去，但仍有一些示威学生不予理睬，鼓噪叫嚣，拥进教室和办公室，要找主张这条“可恶规定”的人算账。蔡元培告诉学生，有关讲义费的规定由他一人单独负责。他气愤极了，袖子高高卷到肘部以上，两只拳头不断地在空中摇晃：“有胆的就请站出来与我决斗。如果你们哪一个敢碰一碰教员，我就揍他!”学生在校长面前围成半圆形，蔡元培向他们逼近几步，他们就往后退几步，始终保持相当距离。往日温驯如绵羊的谦谦蔡氏，这会儿被激怒了，成了一头正义之狮。

1924年初，蔡元培在法国里昂北京饭店宴请法国中法大学董事长欧乐。欧乐见席上放有筷子和汤勺，说：“你们不用刀叉，未免不方便吧。”蔡答：“早在3000年前，我们祖先也用刀叉。不过，我们中国人是一个爱好和平的民族，觉得刀叉皆是可以杀人的凶器，吃饭时用它太不文雅，所以从商周时期就改用‘匕’（就是刀）和‘箸’（就是筷子），以‘匕’割肉，用‘箸’夹菜。后来，由于烹饪技术改进了，就用筷子了。”欧乐说：“真是的，难怪你们中国人这样爱好和平。”

蔡元培通常就餐是喝酒不吃饭的。据程沧波回忆，在南京中央研究院时，他们一起就餐，蔡先生是不吃饭的。在饭桌上，蔡先生席位上是一暖壶绍兴酒，大概是六两。蔡先生一个人独酌，他们陪他吃饭。蔡先生酒吃完，接着吃几块烤面包。

蔡元培近古稀之年曾和同乡周作人作茶字韵的打油诗三首，其中一首特别有趣，题目是《新年，用知堂老人自寿韵》，诗云：新年儿女便当家，不让沙弥（绍兴小孩子留发一圈而剃其中边者，谓之沙弥）袈了裟。鬼脸遮颜徒吓狗，龙灯画足似添蛇。六幺轮掷思赢豆，数语蝉联号绩麻（绍兴小孩子选炒蚕豆六枚，于一面去壳少许，谓之黄，其完好一面谓之黑，二人以上轮掷之，黄多者赢，亦仍以豆为筹码。以成语首字与其他末字相同者联句，如甲说“大学之道”，乙接说“道不远人”，丙接说“人之初”等，谓之绩麻）。乐事追怀非苦话，容吾一样吃甜茶（绍兴有“吃甜茶，讲苦话”之语）。

蔡元培是位不苟言笑的学者，不过他在兴到之时，也十分风趣。有一年，他为小儿子做“汤饼会”，座中有位刚从海外归来的北大校友，笑着问他：“我出国的时候，曾经叨扰先生的喜酒，今天回来，又逢先生做汤饼会，可算口福不小。只是不明白，先生年事很高，却时有弄璋之喜，不知是何道理?”蔡元培满面春风，不慌不忙地答道：“这没有什么，无非是研究得法罢了。”此言一出，登时哄堂大笑。

每值五四，北大同学会必会盛宴同学，并奉蔡元培为上宾。年年如此，蔡颇疲惫，一次戏语邻座曰：“吾辈此日真成吃‘五四’饭矣!”

罗家伦给蔡元培校长写信，请求和蔡先生的女儿订婚。蔡先生复信一封，大意是：婚姻之事，男女自主，我无权包办。况小女未至婚龄，你之所求未免过分。这件事在北大传为笑谈。

蔡元培游历到美国时，即将到任的美国驻华公使慕名前来拜访。席间，公使请求蔡元培介绍一些北京的权贵给他认识，蔡元培一听，起身就走。过后，蔡元培气愤不已地说：“我最怕听这种臭不可闻的声音！所以一刻也不能再待下去。”

蔡元培去世后没有任何遗产，反而欠下医院 1000 多元医药费，甚至入殓的棺木费用都是朋友募集的。

第三辑　蔡元培大事记

蔡元培创造“新北大”

1917 年 1 月 4 日的早上，北京大学的教职工们不畏严寒，如过去迎接新任校长那样，在校门口毕恭毕敬地排列着，夹道欢迎新校长赴任。当蔡元培乘坐的马车抵达校门口时，所有人都鞠躬低头，不敢正视。这是北大的老校规，之前的五任校长，都是从这群人的鞠躬礼前趾高气扬地走过去的。蔡元培一下车，负责接待的人员就笑眯眯地走上去，对他鞠躬，谁也没想到，蔡元培竟摘下礼帽，恭恭敬敬地还礼。随后他一边朝前走，一边向列队的人员点头问候，和颜悦色地说：“谢谢诸位，大家辛苦了!”

此举让在场的所有人都震惊了，他们从来没遇见过这样的校长。

蔡元培对北大的改革即从跨进校门的第一步开始，全方面进行教育改革，缔造出一个活力蓬勃的“新北大”，写下了中国教育史上夺目的一页。

大学者，研究高深学问者也

1916 年冬，蔡元培从法国乘船回到上海，准备要应教育总长范源濂的聘请，去北京大学赴任。朋友听闻此事，都纷纷表示反对，然后就不断地向他介绍那所学校是如何的腐败，学制混乱，臭名远扬，而且混乱的根源太复杂。

北京大学就是他当年担任教育总长时，由京师大学堂更名而来的大学。这个 1898 年戊戌变法的产物至今腐败堕落得令人难以置信，完全不像一所大学，依旧还是政府培育官员的“预备班”。过去，在京师大学堂念书的不是京官就是贵族子弟，为更接地气，基本都由朝中高官兼任教授，所教功课很多是关于朝廷的潜规则。

尽管京师大学堂变成了北京大学，但仍是一副仅换了名头的“旧汤药”。袁世凯复辟后，北京大学依旧是京官的学园，也是攀附官吏的重要场所，校规和习惯还沿袭京师大学堂的，教授还被称作“大人”，学生依旧还是“老爷”，日积月累，学校的官僚气息是怎么改也改不掉。

蔡元培进北大是冒险的，冰冻三尺非一日之寒，北京大学长期形成的歪风邪气不可小觑。当初只有孙中山鼓励蔡元培来北大，认为蔡元培就该到北京去开展革命，主持全国性的教育机构的同时，借此契机传播革命思想，这是非常有利的。蔡元培心里很清楚，在听者无心、说多无益的情况之下，只好以身作则，以此告诉别人，他来的目的就是要改变这里，他所带来的，是新的文化、新的制度、新的礼仪，并用循循善诱的耐心，将北大的师生引导到正道上去。

在北京大学的开学典礼上，蔡元培发表讲话，给学生确定宗旨，要求学生："诸君来此求学，必有一定宗旨，欲求宗旨之正大与否，必先知大学之性质。今人肄业专门学校，学成任事，此固势所必然。而在大学则不然，大学者，研究高深学问者也。"蔡元培开宗明义，劝说那些有"学成任事"想法的人，不必进大学，可以进入相关的专门学校就读。上大学只能是为"求学而来"。

蔡元培言辞锋利，痛指当下学校腐败的根源就是——来这里求学的人，都是抱着升官发财的思想；而教员们，不过是将学校当成了发文凭的机构，把自己的职位当成了一种官职，甚至是牟利的手段。他直言问题，不怕刚一上任就得罪人。他还砥砺教员注意学生的品行问题，要引导他们建立良好的兴趣爱好，不与混浊的风气同流合污。最后还指定了教学方式："诸君既研究高深学问，自与中学、高等不同，不惟恃教员讲授，尤赖一己潜修。以后所印讲义，只列纲要，细微末节，以及精旨奥义，或讲师口授，或自行参考，以期学有心得，能裨实用。"

此番演讲，使坐满了人的大礼堂一片静默，听众深受教诲。从那天起，北大在不断地改变。

民主管理，建立新型校务制度

当时，北大最常见的一个陋习就是攀附。不但是学生攀附具有权贵身份的教师，教师之间也相互攀附。而对于独揽大权的校长，他们就像对待皇帝一样，阿谀奉承，察言观色，为取悦上司，而将很多问题都刻意掩盖起来。

蔡元培大胆废除一人独大的管理制度，借鉴西方管理模式，提出民主治校原则，组建由教授代表组成的学校评议会作为北大最高立法与管理机构。

评议会的成员全部由全体教授公开选举，不论资历，每五名教授中选出一人进入评议会。校长担任评议长，负责评议会各种会议的组织。凡是北大确定重大事务，如拟定章程制度、决定废立学科等，都必须经过评议会投票同意才能确定。

为确保评议会的民主、公开，蔡元培对所有人一视同仁，从不把自己当作学校的皇帝。整理教师队伍那会儿，有一位老教员悄悄来到蔡元培家，将一套四合院的地契摊在他面前，接着后退三步，拱手作揖："还望蔡先生网开一面，在评议会上给我说些好话。”

老教员的意思很明确，只要能保住他在北大的教席，他就将这套四合院相赠，蔡元培一家人也不必在外面租房子了。

对于初到北京、两袖清风的蔡元培来说，条件确实够诱人。可蔡元培却将地契拿起来，走到老教员面前，严肃地说：“我身为校长，不能带头败坏校规，一切都得按流程办。如今我住这儿倒也习惯了，没有换房子的打算。”

老教员只好黯然而去。此后，教员为了私利而独断行事、巴结上司、贿赂的现象少了。

蔡元培最憎恨特权主义。在他上任之前，北京大学的校务会议大都用英语开会，尤其是预科班的校务会议，全部用英语发言，这样做不过是为方便那几个外国教授罢了。这样一来，其他不懂英语的教授可就难受了，他们在会议上听不懂，又不能走，以致一些老教授每逢开会干脆称病告假，设法逃避这种尴尬的会议。

第一次参加会议，蔡元培就提出校务会议一律用国语发言。外国教授当即拍案反对，理由是：听不懂国语。此时，一些懂得说英语的教授态度立刻软了，觉得过去一直是英语开会，都习惯了，换成什么语言都无妨，得罪了这些外国教授那就难办了，还和气地劝蔡元培：“用英语开会挺好，能提高教授们的口语水平。”

蔡元培并不改口，反问道：“如果我在英国大学教课，是不是因为我是中国人，他们开会时就说中国话呢？”

这话让那些洋教授哑口无言，中国教授一片叫好。从此以后，北京大学的所有会议一律用国语发言，到会人数剧增，除了那两名外国教授，人人到齐。

蔡元培提倡“教授治校”，组织了教授会，由各科的教授公开选举教授会主任，负责分管教务、规划教学工作，任期为两年。到了1919年，北大决定取消文理科科长，改为设立教务长统管文、理、法三科。

在这场选评教务长的过程中，“民主自由”的校务管理制度发挥了积极作用。当时北大的情况是文理两科的教授实力较强，文理双方的教授都对教务长这一职位跃跃欲试，还有像胡适这样的激进教授毛遂自荐，但都遭到对手的强烈反对。最后经过评议会商量，决定由各科分别推荐出一名候选人，然后三选一，由评议会进行投票选举。

“实行民主，以教授会治校，实现自由和平等。”蔡元培秉承着这一理念，将北大教员们的积极性调动起来，提高了工作效率，不仅从根本上遏制了往日的吹捧、走关系的官僚风气，还促进了学校的兴旺发展。

教育内容整合，学制全面革新

评估一所学校的好坏，主要是看这里最终出多少人才，因此，学生的学习成果至关重要。从事教育多年的蔡元培明白，当时的北京大学共设文、理、工、法、商五科，显得杂乱而难抓住重点，在资源有限的情况下，难以培养出学识全面的人才来。

结合民众科学知识薄弱的现状，蔡元培认为，倘若基础学科得不到发展，应用学科就难以得到发展，而且当时普遍存在"重术轻学"的现象。为符合国情，蔡元培将工科停办，商科改为商业学并入法科，同时扩充文理两科的专业，让北大偏重于纯粹进行研究的文理两科。

既然要将文理两科做大做强，就要将这两科推向世界学术的舞台。过去的教学内容显然是落伍的，已难以适应近代科学的发展趋势。蔡元培在教育内容上做了大调整，在吸收国学精髓的基础上，借鉴德、法知名大学的学科体系，增设了哲学、心理学、世界史等学科，综合提高学生的专业素养。

在国际上，顶尖的大学都各自有丰富的学术研究成果，因此，作为一所优秀的大学，不能照搬别人的东西。蔡元培提倡学与术分校，强化过去北大非常薄弱的研究能力，兴办各个科目的研究所，建立激发教授研究兴趣的制度，让北大变成一所不但教授学识，还不断钻研学术的文化殿堂。

经过考察与研究，蔡元培发现，中国几千年的社会发展形成了文科方面的知识很丰厚，而理科知识却非常贫乏的局面，老百姓对物理、化学等学科甚至是闻所未闻。科学发展到今天，西方的社会在理学的快速推动下，已创造了无数高科技产物，学科之间也已开始互相联系、渗透，不可分割。就好比教育学原本属于文科范畴，但是现在已开始运用于理科研究方法，如实验进行研究。地理学中也有人文、地质分支，很难简单地将其划分到文、理学科中去。由此，蔡元培认为，学生不能单科独大，只有文、理通科，才更能符合当下社会对人才的要求。

为了避免学生独偏一科，蔡元培大胆废除文、理科系别，并废除学长，设立系主任。他还发现，即使在同一年级、同一专业的学生，其才能与兴趣都不可能完全一样，假如采取模式化教学，像小学、中学那样实行学年制，肯定会抹杀学生的个性。毕竟大学不是教授基础学科的地方，来这里求学的人，都是有一定学识基础的。如果大学的学习模式变得格式化，那些学有所长的学生就难有发展机会，而那些留级的学生又必须把学过的课程再读一遍，对此自然是毫无兴趣，上课打瞌睡或者无故旷课是必然的，还会滋生一些来学校混日子、骗文凭的人，长此以往，北大的懒散风气必定不能从根本上根除。

仿效美国大学通行的做法，蔡元培废除“学年制”，采用“选科制”。“选科制”一经推出，深受师生的欢迎，因为这意味着学生可以按自己的兴趣选择学什么科目，听哪位教授的课，只要完成“学分制”的要求就能够毕业。“选科制”规定每周上一个课时，学完一年即为一个单位，本科应修满80个单位。这些课程中一半为必修，一半为选修，选修科目可以跨系选择。学生修完课程即可毕业，不必强制规定修满年限。而预科则应该修满40个单位，其中必修课占四分之三，选修课占四分之一。选科制遵循崇尚自然发展学生个性，提高学生学习兴趣的原则，为文、理科学生选修课程提供方便之门。

如此，北京大学成了一个学术自由的国度。教师自己定授课内容，根据自身的研究课题设立课程。教授一边从事研究，一边同步讲课，怎么讲，讲义如何写，都由教授自己定。学校提倡教学与研究相辅相成，教授在传授和讲解知识的过程中容易发现问题，促进课题的研究与深入思考。学校考核教授的标准就按学术研究成果和学生的选科人数来进行评估。

对于学生来说，则完全掌握了学习的自主权。学生可以根据自己的兴趣，想上哪个系的课，想听谁的课都可以，只要考试的时候去参加就行。如果学生不想拿毕业证而不参加考试，也不会有人对此进行干涉。这样就能给勤奋好学的人提供更广阔的学习空间，使那些只想来混文凭的人无机可乘。

除了基础学科，蔡元培还特别注重加强学生的美学教育，亲自讲授美学，深受学生欢迎。据说他上课时随身携带了从国外带回来的世界各国的美术作品，一边讲美学理论，一边拿出名画给学生欣赏，不忘引导提高学生的鉴赏能力，让学生感受画作中的美。刚开始上课的时候，蔡元培在第一院的第二教室讲课，教室可以容纳一百多人，随着前来听讲的学生越来越多，教室很快就挤满了，最后连授课的讲台上也站满了人。蔡元培只好搬到第二院的大讲堂去授课，没多久，大讲堂又变得水泄不通起来。

蔡元培认为，一个人只有身体健康才能产生健全的精神和健康的意志。因此，他规划在北大兴建运动场，设立体操部，规定所有学生必须参加体育课，以保证每个学生都有运动的机会。当时局势混乱，蔡元培还在北大组织成立学生军，进行军事训练，聘请军校出身的白雄远担任军事训练主任，每天早上进行军事操练，并邀请著名军事学家蒋百里为学生授课，提高学生的自我保护意识，保护自身安全。

培养学习风气，成立大学研究所

在德国留学时期，蔡元培就发觉，在一个国家里，大学往往都走在学术的前沿，充当学术的桥头堡。在德国的大学模式以及办学思想的影响下，蔡元培积极创办研究所，包括文科、理科、法科各种研究所，并于1922年成立了国学研究所。他认为有了研究项目，教师就会变得活跃，有积极性，可以避免上课只是重复讲义内容，也不会闲得无事就去其他学校兼职授课。创办研究所不但能发挥教师的才学和潜能，还可以让大学变成一个钻研学术的基地，教研相结合，还能培养学生的思考能力和研究新学术的良好习惯。而且，学校的毕业生中有志深造的可以直接升读研究所，也是对学习优异者的一种嘉奖。

为创造学术研究的条件，蔡元培还特别重视图书馆建设，强调图书馆的作用。他多方筹款为北大图书馆购买新书，以满足学生阅读和研究所研究的需要。李大钊掌管北大图书馆时期，带来了不少介绍新思想、新学术的图书，图书馆成了学生们常去的地方，从早到晚都人满为患。

为改变北大学生逛花柳巷、吃喝赌博的不良风气，蔡元培兴建了各种团体，设法让学生“忙”起来，而且是忙在正事上。在蔡元培的大力提倡之下，各种兴趣团体在北大校园里如雨后春笋般拔地而出，如雄辩会、新闻学会、平民教育会等。蔡元培还提出以“美育代替宗教”，除了授课，还加强兴建美育方面的兴趣团体，带头组织了戏剧讨论会、书法研究会等艺术团体，还有为提高学生的演讲能力的平民教育演讲团、马克思主义研究会，甚至还有体育组织“静坐会”等，以此培养学生形成正面的爱好。而且，北大校园里还不定期举办音乐会、召开体育运动会，丰富学生的精神生活。

在蔡元培办学思想的影响下，北大学生模仿陈独秀的《新青年》，自发组织了新潮社，以研究探讨新文化为目的，创办了一个杂志《新潮》。由于杂志发表的均是学生们的作品和思想言论，非常接地气，一经出版，深受学生的热烈欢迎，杂志很快就被抢购完。新潮社火了，社员剧增，《新潮》成了北大学生的必读杂志，传阅率非常高。在读者强烈的呼声中，杂志很快出了第二期，接着又不得不再出第三期……售价很低的杂志出版越多赔钱就越多，经费很快就没了。蔡元培听闻后，当即决定从教育经费中拨出款项，支持他们兴办杂志。

蔡元培推行的这些措施取得了优良效果，北京大学呈现出积极向上、朝气蓬勃的活力。北京的其他学府见状，纷纷来借鉴效仿，有的与北大的相应团体取得联系，在本校建立起“连锁分会”，有时还与北大联合举办活动，文化风气日渐浓郁。从此，北大的学生们逐步将注意力集中到研究学问上来，志趣转到有益身心健康的活动上，不再打麻将、吃花酒了。越来越多的学生专心研究学问，讨论社会民生，关心国家未来，北京大学的名声也随之改变。

治理品德，培养学生良好人格

“德才兼备”是蔡元培对人才的要求，但他认为，教育不是教条，不是以命令的方式生硬地管教别人什么能做或不能做，而是在遵从民主、自由原则的基础上，慢慢去感化，培养良好的品行，从本质上去改变人的恶习。因此，他在校园内实行学生自治，自我管理，一方面又带头组建进德会，但凡是入会的成员，必须遵守“不嫖、不赌、不娶妾”等戒条，以此道德标准来鞭策北大的学生和教师们，要养成良好的品德。

蔡元培刚上任不久，北大校园里曾经出现了一件“小字报事件”。事件源于一个惹人讨厌的学生，由于他出身官宦世家，言行霸道，以得罪人为乐，同学们都不喜欢他。可是，既没办法制服他，暂时又找不出什么明显的过错汇报给学校，于是在宿舍里出现了一张讨伐这个同学的告示，并指名道姓地痛骂他的所作所为，威胁他“要老实点”。

谁知才两天时间，宿舍公共场合的墙壁上就到处贴满了无数匿名小字报，全都是辱骂和威胁那个同学的。其中有一张小字报的骂深得同学们的赏识，大家都争先恐后地来观阅，还在小字报上又圈又点，甚至有人添油加醋地题跋，然后还有人将此“公众杰作”转贴到那被骂学生的宿舍门前。一时之间，此小字报传遍全校，成为校内的特大新闻。

学生们将小字报当成了娱乐，不承想，几天后，在一次大会上蔡元培专门谈到这件事，说：“校园中有不少同学在墙壁上贴小字报攻击某君，这是不符合做人的道理的。如果有谁对某君确实有不满的地方，你可以当面向他指出来，进行劝导。如果你们认为这种事无法劝，完全能向学校反映，这才是正确的做法。你们匿名写小字报，就算被批评的人真的有过错，对方不见得因此悔改，反而会引起报复心理，而批评的人却从此丧失了良好的品德。今天有小字报，明天就会有大字报，如此发展下去，你们的品德只会变得越来越堕落。”

对于学生道德品行的培养，蔡元培可谓是呕心沥血。由于提倡自由办校，学生自治，学生会组织的力量越来越大，就有人钻空子，宿舍自行分配，偶有家眷来京，竟安排住校舍，有的竟然住着不走了，还不许学校过问。1922 年 10 月，学生反对学校收取讲义费而闹得沸沸扬扬，学校对此事经过多次开会，都无法再取消讲义费的收取，因为当时的北洋政府对教育费的拨款越来越少，就连教授的工资都拖欠。但是大多数学生认为，应该是既不交钱，还要给讲义，并且对代总务长沈士远进行围攻，学校里到处贴满谩骂沈士远的条子，还在校园里组织游行示威，高呼："打倒沈士远!"接着，学生去校长室要求学校满足他们的要求。蔡元培耐心地向学生解释收取费用的理由，苦口婆心讲了一天，总算让学生接受事实，退了回去。可第二天早上，蔡元培刚来校长室，发现门口外突然围满了几百名学生，山东籍学生冯省三领头大喊："我们打进去，把他们围起来，把这事解决了!"

学生冲进校长室，把其他的教员都吓坏了，这时就有人高呼："走，到会计科把讲义券烧了!"这下把蔡元培给激怒了，他冲出校长室，堵在门口，挽起袖子高喊："有胆的就请站出来与我决斗。"

一向温和包容，年过五旬的蔡校长竟然要决斗，把在场的学生给镇住了，他们立刻散去，不敢再蛮横。对于这场风潮，蔡元培生气而痛心，在民主自由的制度之下，一个人没有良好的道德素质，就难以体现民主的优越性。混乱有时像是自由制度所要付出的代价，也可以说，这是民主制度前期必须度过的一个阶段。蔡元培明白，要改正人的丑恶面，不是一朝一夕，他要与人性中丑恶的部分战斗，甚至不惜以辞职作为代价，与这种蛮横暴力抗争到底。与其说是他在与学生做抵抗，不如说是他以此教育人们警醒人性的阴暗面。

不畏权贵，决心整顿师资队伍

蔡元培出任北大校长不久，就遭遇了一场国际官司，事情因两名外籍教授而起。初到北大，蔡元培就对教师整体素质极为不满，就凭这些人，哪怕费尽九牛二虎之力，也难以改变学校风貌，更别说建成一流的学术教研机构了。他决定整顿教师队伍。

他首先以“学术造诣”为标准，对现有教员进行考核，德才兼备的教授给予保留原职，没有真实才学，甚至道德沦丧的败类，不论对方什么背景，都坚决解聘。在这过程中，他不仅必须得罪那些身为达官贵人的教授，而且还要解雇两名因历史遗留问题而在北大混饭吃的外国教授。

这两名外籍教授是京师同文馆时期的教员，均由英国驻华使馆的公使介绍得以进入同文馆。同文馆是清政府1862年开办的专门培育翻译人才的机构，先后开设了英、法、俄、德等语种课程。由于运营同文馆的官员对外国人不了解，觉得只要是外国人就一定能授课，况且还是公使介绍来的，碍于这层关系，他们也为了保住乌纱帽，长期持着“不求有功只求无过”的态度，一门心思用在接待上面的检查和应付公文往来，以致同文馆的学生成绩非常糟糕，有的学生学了13年俄语，竟然只是能把字母念出来而已。

后来，同文馆被并入京师大学堂，再一同变更成北京大学。不论怎么变，那些外籍教授仗着自己的老资历和特殊的身份，始终我行我素，优哉快乐，带学生逛花街柳巷是常有的事。

经过考核，蔡元培决定解聘这两名教授。这下就有好心人奉劝他了，这些外籍教授是通过外国驻中国大使馆介绍来的，中国国势一向弱，没什么外交，就算是政府都不敢得罪这些洋人。所以，该如何处置这两名外籍教授应当三思而行，不能如此武断地辞退了事。可蔡元培还是不愿收回决定，不管他们是何来历，决定不再纵容这些人继续毒害校风。

外籍教授听说蔡元培要辞退他们，非常生气。他们为了挽回颜面，想方设法留下来，一方面通过北洋政府向教育部施加压力，然后又借北京某英文日报对其进行诽谤，同时还向英国驻北京公使朱尔典告状。为此，朱尔典亲自拜访蔡元培，希望他能通融些，就算学校请不起那么多外籍教员，但也不要辞掉其中一名英籍教员，也算是给大英帝国一个面子。蔡元培却不答应，坚决认为那名英籍教员学术平平，根本不符合北大教授的标准，倘若他包容这样的人，就等于留下了一个毒瘤。这让朱尔典恼羞成怒，政府可是一贯忍让他三分的，蔡元培竟把话说得毫不留情。朱尔典气哼哼地走了，走出办公室之后，在外面扬言："蔡元培不要再做校长了！"

没过两天，蔡元培就收到了教育部的训令，通文指责他"处置失当"，不久又有北洋政府的调查电话打来。上级的压力已让人有些喘不过气来，而那两名外籍教授又以"无理解聘教授"为由将北京大学告上法庭。事情闹大了，北京的媒体时刻关注此事件，相关评论文章刊登在报纸头版上。北京大学倍感压力，学校评议会召开紧急会议，讨论如何处理这场危机，不少评议员表示出妥协的态度，认为留下一个英国教授也无妨，教不好书就给他安排一份闲职算了。可蔡元培毫不示弱，坚决与这两名教授斗争到底，他请来著名的法律专家王宠惠作为学校的法律代理人，举出了北京大学解聘这两名外籍教授的种种原因和证据，最后法庭判决是校方胜诉，那两名外籍教授只好灰溜溜而去。

剔除了教师队伍中的腐败分子，势必要将健康血液带进来。蔡元培吸取西方的办学精髓，结合儒家经典《中庸》里的"万物并育而不相害，道并行而不相悖"的理念，提出了"兼容并包，学术自由"的思想，抛弃门户之见，不拘一格招揽天下人才，只要是具有真才实学，热心教学，具有研究学问的兴趣的学者，不论他的国籍、年龄、资格还是思想倾向，都想方设法请他来，为此留下了不少佳话。

走进北大校园的新文化领袖

北大改制之后，文科学长（相当于现在的文学院院长）的位置一直空缺着。当时正逢新文化运动在全国悄然兴起，蔡元培也认为，传统的老学究很难打开文化的新局面，势必要找一个中西贯通的学者来领导北大文科。

医专校长汤尔和就向蔡元培推荐陈独秀，陈是晚清秀才，又通晓英、法、日语，懂拉丁文及德语等多国语言，如今正在上海办《新青年》杂志，在新文化界很有影响力，而且他这几天就在北京出差。

蔡元培找来十几本《新青年》来读，对陈独秀的新锐思想十分欣赏，决定聘请他到北大来。其实，他们算是老相识了，当年在上海余庆里实验室里曾有过一面之缘，蔡元培还隐约记得他的样子。问清陈独秀的地址后，蔡元培第二天一大早亲自去旅馆拜访。与之寒暄几句后，蔡元培直接表明来意，想邀请他担任北大文科学长。

陈独秀有些吃惊，最终还是婉言拒绝了，他说要回上海办《新青年》。蔡元培并没有放弃，此后的几天，他天天光临陈独秀住的旅馆，有时去得早，碰上陈独秀他们还没起床，他就坐在门口的一张小板凳上耐心地等，还嘱咐茶房不要去叫唤，从不介意自己为此等了多久。陈独秀起床后见此，都不好意思了，要论年龄，蔡元培整整大陈独秀 12 岁，更别说他身为北大校长了。可这时的蔡元培早忘了老少尊卑的问题，脸上始终是和颜悦色的样子，言辞中毫无责怪之意。

经过多次磋商，蔡元培的诚意感动了陈独秀，他终于答应来北大就职。可是，学校里的周功成、梁启超等教授强烈反对聘请陈独秀进北大，他们认为陈独秀虽有才，但思想太过张扬，这种激进的人不适合在北京大学任教。他们还向蔡元培这样表达不满："陈独秀只不过能写几篇文章而已，怎么有资格做文科学长呢?"

蔡元培却反驳道："陈独秀出版了《字义类例》等书，他在训诂音韵方面造诣极深，怎么没有资格担任文科学长?"

蔡元培坚信自己的眼光，当即于 1917 年 1 月 11 日向教育部递交聘请陈独秀的申请，有几分一意孤行的态度。他心中非常清楚，中国文学应该摆脱学术领域单一的局面，与世界文化接轨，如今新文化风生水起，注定是未来中国文学的发展趋势，因此北大就应由陈独秀这样中西贯通的人来做带头人。在提交申请的过程中，问题又来了。陈独秀没有大学文凭，也没有执教经历，从未在教育部门担任过任何职位。按理来说，他连当教授的资格都不符合，何况是文科学长。于是蔡元培虚构了陈独秀的简历——"日本东京大学毕业，曾任芜湖安徽公学教务长、安徽高校等学校校长"，以免照实汇报简历得不到批准。

就这样，陈独秀和他的《新青年》杂志来到了北京，进驻北大。此消息一传开，当时的学术界、教育界为之震惊，当然也鼓舞了广大学生，一下子就拔高了北大的知名度和影响力。从此，陈独秀在蔡元培的支持下，将北京大学和《新青年》建设成了新文化运动的大本营，轰轰烈烈地发起了新文化运动，成就了“中国的文化复兴”。

陈独秀进北大不久，就向蔡元培引荐了胡适。当时的胡适还在美国哥伦比亚大学读书，频繁在《新青年》杂志上发表文章。看过胡适写的倡导白话文学的论文后，蔡元培决定让陈独秀给远在美国的胡适写信，转达他的意思，请胡适回北大任教。

在蔡元培看来，胡适不仅“旧学邃密”，而且“新知深沉”，更何况他有着令人放心的道德操守。当时，社会上许多人都认为新思想教坏青年，伤风败俗，堪比“洪水猛兽”。可胡适留学回国后，却顺从母命，娶了包办婚姻之下的乡下女子为妻，为此树立了一个“守规矩的西洋博士”的榜样，由此说明青年拥有新思想，学习新文化也没什么可怕的。

胡适进入北大之初，也遭到梁启超等保守派的反对。辜鸿铭等人更是瞧不起他，嫌他才粗学浅，不懂拉丁文还说着一口乡巴佬英语，教哲学简直是误人子弟。不过，胡适是聪明的。他在美国师从杜威教授，论文当时也没得到通过，在北大授课时，还发现有许多学生的旧学基础比自己还好，甚至还有一些像傅斯年这样学问比教授还大的学生，但他看到了学生们的短处，很快就以西方的新思想、新方法获取人气，逐步提出自己的主张。最终通过努力，赢得了学生的认可和尊重，逐渐成为当时影响深远的学者、思想家。

北大校园中，饱受争议的教授们

源于蔡元培广博的包容心，才使得新文化风气浓郁的北大校园里，还有“大辫子教授”的身影。其中一条著名的大辫子就是当时复辟派的杰出代表——辜鸿铭。

辜鸿铭是大清朝的忠臣，曾获慈禧太后赐封进士。辛亥革命时期他极力反对革命，宣统退位后辞职以示抗议。民国成立已十年，他还一心效忠清王朝，自称遗民，誓死不剪辫子，并且还公开反对共和，提倡尊王尊孔，嘲笑白话文学。就是这样与时代格格不入的人，蔡元培却排除万难，聘他到北大主讲英国文学，就因为看中了他的学术造诣，赏识这位中西融会贯通的奇才。

出生海外的辜鸿铭在国外享有盛誉，他精通英、法、德、拉丁、希腊等九种语言，自幼阅读莎士比亚、培根等人的作品，英文功底深厚。而且他在英国、德国、法国留学十数年，荣获 13 个硕士、博士学位，具有广博的西方文化基础。他致力于将中国传统文化介绍给西方，早年他将中国“四书”中的三部——《论语》《中庸》和《大学》翻译成英语版，西方国家也是通过他的介绍，认识了中国的传统文化。

北大的新派学生非常不喜欢辜鸿铭，并将他与另一位旧派教授刘师培列入驱逐的黑名单，发誓要将这两人逐出北大。凭学术造诣，刘师培担任北大教授是当之无愧的，他从小饱读经书，出名甚早，才 20 岁就被学界誉为国学大师，33 岁已出版专著 70 多种。在思想上，刘师培却是个备受争议的人物，他曾经是一个激进的革命党人，突然思想发生了转变，投靠了清政府大臣端方，就在革命党人起义时向端方告密，不少革命同志被捕获。后来刘师培又主张复辟，还发起筹安会，协助袁世凯称帝。然而，蔡元培不仅请刘师培担任中国文学教授，还让他兼任文学研究所指导教师，在国史编纂处从事编辑工作，这让新派学生十分不解。他们整天攻击辜鸿铭、刘师培等人，甚至煽动学生集体罢课，在校园里闹得沸沸扬扬。

学生的声讨也让北大的管理层感到困扰，一些以和为贵的人就暗中奉劝蔡元培，在评议会上，也曾就这个问题讨论过数次。可蔡元培却十分珍视这两位学者在学术方面耀眼夺目的成就，力排众议，坚决维护他们。面对新派学生一次又一次的讨伐，蔡元培这样开导道：“我希望的是你们学习辜先生的英文以及刘先生的国学，并不是要你们跟着去拥护复辟或者君主立宪。”

蔡元培的办学理念和广博的胸怀，辜鸿铭是打心里敬佩的，对他非常敬重。辜鸿铭曾在课堂上对学生说："现在的中国只两个好人，一个是蔡先生，一个就是我。为什么呢，我当年效忠清朝，到现在还保留着辫子，而蔡先生立志革命，至今他还不忘这个信念。"这个出了名的眼高于顶的辜鸿铭，就连当年的慈禧太后、袁世凯都敢当众嘲讽，可他在后来"挽留蔡元培"的运动中说："蔡先生一定是要挽留的，因为他是北大的皇帝！"由此可见，辜鸿铭是从心里认定蔡元培的功劳与能力，并非常敬重他的为人。而刘师培也不负厚望，不仅成为一名杰出的北大教授，还以国学大师之身，为北大贡献了多方面的学术成就。1919 年 11 月 20 日刘师培因病去世时年仅 36 岁，蔡元培对此遗憾地评论道："如果刘君当初能投身学术，而不为别的事情所干扰，用你毕生的精力专心创作，你的成就岂不是无可限量？真是可惜啊！"

蔡元培大力提升北大的教师队伍素质，200 多位教师中就有 90 位教授，而教授们平均年龄只有 30 多岁，十分年轻。胡适、刘半农等人被聘为教授时才 27 岁，25 岁的徐宝璜也被聘请为北大教授。

25 岁的年轻人，能当好教授吗？不少人对此表示质疑。徐宝璜曾是北京大学的学生，毕业后他考取官费留美，前往密歇根大学攻读经济学、新闻学。1916 年回国后，最先担任北京《晨报》编辑，后来在蔡元培的影响之下，进入北大担任新闻教学工作，兼任校长室秘书。称徐宝璜为“新闻学界开山祖”不为过，他为中国的新闻事业贡献不少。1918年，他与蔡元培共同发起成立北京大学新闻学研究会，担任副会长、新闻学导师，以及会刊《新闻周刊》的编辑主任，定期为会员讲授新闻学基本知识。并且他还将新闻学的定义，报纸工作的性质和任务，兼及报纸的编辑、采访、评论、发行诸方面，以及个人对理论与实践的探讨等成果，集结成《新闻学》一书，被著名的新闻学家邵飘萍盛赞为：“无此书，人且不知新闻为学，新闻要学。”

还有一个饱受争议的人物就是梁漱溟，不单是他24岁就当上北大教授的问题，而且他还是一个北大落榜生。

当时，蔡元培很想开设印度哲学课程，却一直没找到授课的合适人选，一天，他在《东方杂志》看到一篇名为《究元决疑论》的文章，为作者用西洋学说阐述印度佛教理论的精辟见解折服，于是四处打听这位作者。

考北大落榜的梁漱溟没离开北京，他打算明年再考，听说蔡元培有见他的意思，他就通过范源濂的介绍，亲自登门拜访。谁料到一见面，蔡元培就提出请他来北大讲印度哲学，把梁漱溟吓了一跳，他连忙推辞道：“多谢先生抬爱，但我对佛教也只是略知一二，对其他的印度哲学更是一无所知。”他一心想进北大读书，从未想过当北大教师。

蔡元培却说：“你说你教不了印度哲学，那么，你知道有谁能担当此任呢?”

梁漱溟想了半天，只好摇头。蔡元培接着说：“我们都一样，没有找到真正能够教授印度哲学的人，相互比较都差不多，还是你来吧！既然你爱好哲学，我就把许多哲学爱好者都聚到北大来，也别总想着自己是在当老师教课，你就只当与爱好者合作研究，相互切磋罢了。你看如何?”

此番话打动了梁漱溟，他决定到校任教。可是在校务会议上，此事却遭到一些评议员的反对，理由是他不仅没有相应的文凭和资格，还曾是北大的落榜生。蔡元培并没有以此完全否定梁漱溟的才华，决定破格聘用他。蔡元培的这个决定，在北大教师中引起一片哗然。

后来的事实证明，蔡元培没看错人，梁漱溟在北大不仅能够胜任教学工作，而且还创作出了《印度哲学概论》，撰写了轰动当时学术界的《东西文化及其哲学》，成为“新儒家”的一个重要人物。

思想流派百花齐放

秉着“学术自由”的办学理念，蔡元培在思想流派上并不公开偏待。他不仅将北大打造成诞生学问的乐土，还将此当成中国思想论争的一片试验田，只要能站得住脚的，都让其如花绽放，绝不以人为的力量将任何一种流派扼杀。

就蔡元培个人而言，他早就赞成以白话文取代文言文，暗中支持陈独秀、胡适等人的新文化运动，但他从不排斥文言文，只是觉得白话文比文言文更直白，便于理解，易于流通，在将来的应用文写作中一定是白话文占优势。蔡元培还反对青年抛弃古诗，过于迷信新体诗，多次开导学生，要从艺术的角度去理解古诗歌的形式美，相信旧文学拥有不可否定的艺术价值。

蔡元培坚信学术上的派别是相对的，而非绝对的。蔡元培希望学生听课时不是记点笔记，然后回去贩卖老师所教授的知识，而是结合自己的学识，独立思考，有自己判别是非的能力。在北大，每一个学科的教员即使主张不同，只要言之有理，就让他们存在，让学生选择。在当时的北大，教授之间思想相悖、观点发生碰撞是家常便饭，并且蔡元培还鼓励这样的学术碰撞。比如对中国哲学的理解胡适与梁漱溟不同，蔡元培就让他们各开一课，公平竞争，让学生自由选听。

因派别相悖而暗中较劲的场面，在北大的讲堂上层出不穷。钱穆在北大任教时，就因对孔子的看法与胡适不同，两人争论不止，为此还举行了一场公开辩论。提倡新白话文的钱玄同与旧派教授黄侃曾是师兄弟，却因思想和学术观点的不同经常相驳。有一次，黄侃在课堂上讲课，突然就大声骂起钱玄同“有辱师门，要取消汉字，简直是谬论”……钱玄同正在隔壁上课，他不甘示弱，在课堂上大讲“人过了40岁就要枪毙”……两人的教室仅隔一道墙，对方的一字一句都听得清清楚楚，台下的学生一个个捂嘴偷笑。而两位教授却若无其事，照讲不误，讲堂都成了“隔墙辩论会”。

然而，养成独立思考能力的北大学生们，从来都不是老师讲什么，就认为是什么，比如梁漱溟讲儒家思想时，听课人数非常多，情形最为热烈，学生彭基相、余文伟对梁漱溟的唯心主义一向没好感，每次去上他的课之前都说：“我要听听他究竟荒谬到什么地步。”反对者来听课之前，早有思想准备，听了梁漱溟的课后，又在原有的基础上加入了新的东西，或者是再一次思考，这恰恰是对听课者的一种促进。这对讲课者的影响也很大，因为台下的学生是清醒的，要说服这些学生，时刻都需要下一番功夫才行。

为了北大学术的多元化，蔡元培还不断地外聘教授，先后聘用数学系老教授冯祖荀、文学家鲁迅为北京大学讲师，请徐悲鸿担任北京大学绘画研究会导师。美籍地质学家葛利普曾担任哥伦比亚大学的地质系主任，也被蔡元培聘为北京大学的地质学教授。此外还先后聘请留学归国的地质学家丁文江、李四光担任北大地质系教授。

美国耶鲁大学法学博士王宠惠回国后，被蔡元培聘为法科兼职教师，蔡元培又聘请牛津大学法学硕士罗文干在法科任教。1919年5月，北大迎来了国际知名的哲学家杜威为期两年的讲学。此后，哲学家罗素和杜里舒、文学家泰戈尔等相继成为北大的客座教授。甚至还聘请遭日本政府驱逐出境的盲人诗人爱罗先珂，到北大教授世界语。

有一次，蔡元培读了以“莎菲”为名在《新青年》上发表的文章，为其文采惊叹。经打听后才知道作者是曾在美国留学的陈衡哲，于是聘请陈衡哲担任北京大学文学教授。当时中国的大学拒绝招收女学生，而北大却出现女教授，可谓是惊世骇俗。

在蔡元培的努力下，北京大学仿佛一个竞相争艳的学术大花园。有推崇共产主义的李大钊，有信奉国家主义的李璜，也有乡村建设派梁漱溟；辜鸿铭赞成君主立宪，刘师培幻想恢复帝制，王宠惠提倡三民主义；胡适、钱玄同大力倡导新文学，黄侃等人固守旧思想……在众多思想流派的汇聚下，北京大学开创了中国教育史上空前绝后的景象。漫步在当时的北大校园，可以看到一些学生在埋首阅读《古文观止》，而另一些学生却在大声朗读莎翁的诗句。教室的一角，某些学生正在品味桐城派的散文，而另一群学生正在兴致勃勃地探讨“存在论”……不同的思想流派在同一个地方交叉出现，校园内师生之间围绕学术思想进行讨论、争辩，相互渗透，形成了具有传承意义的学术自由之风。蔡元培认为，这才是一所高等学府所具有的风气。

解放“女禁”，开创高校男女同校先例

1920 年 2 月，北大学生王昆仑向校长提出申请：他的姐姐王兰非常向往北京大学，希望能来北大读书。

当时的国内高等学府，尚未有男女同校之先例。只是在 1912 年蔡元培担任教育总长时，他颁布的《普通教育暂行办法》中明文规定初等小学男女同校。然而，男女同校在实行中遇到了不少麻烦，初等小学男女同校也是陆陆续续地实现的。封建旧势力认为，成年男女混杂一处，有伤风化，因此高等学校一直都是男女分校，哪怕是北京大学有年轻女子来探访在校学生，都是被严格控制的。教育部虽然屡次收到“高等学校男女同校”的提议，都因怕担责任，缄默不提，因此各大学都不敢提议招收女生之事。

尽管舆论压力巨大，教育部对北大的监管和要求也比其他学校严格，可是，面对王昆仑提交的这份申请，蔡元培并没有怠慢。早在 1919 年 5 月，就有甘肃的邓春兰女士写来一封呼吁信，请求蔡元培允许北京大学招收女子，她十分愿意考北京大学，为中国女子开创先例。

后来，邓春兰的信被报纸刊登，社会反响极大，《少年中国》杂志等媒体竞相发表评论文章，胡适还写了《大学开放女禁问题》的文章，提出了大学开放女禁“三步走”的观

点。而且，蔡元培又在1919年12月9日收到署名“新青年一分子谢楚桢”的信，声称代表全国女子恳求北大开放“女禁”。

蔡元培很清楚，教育部并无明文规定禁止女生上大学的条款。于是他以先斩后奏的办法，批准王兰进北大，并没有先向教育部汇报和申请批示，以免引起非议或遭到拒绝。由于已过录取考试时间，蔡元培就建议王兰进入北京大学文科哲学系一年级旁听，然后再通过统一招考进行考试。

从此，北京大学出现了第一位女学生。次日的北京《晨报》刊出“为北京大学收取女生之嚆矢”，北大开放“女禁”的消息传出，立刻惊动了整个北京城。这下，原本一直就对北大的改革不满的人，借此机会议论纷纷，加以攻击报复，主流媒体连续几天发表相关评论文章，多是抨击北京大学“男女混校，伤风败俗”。巨大的社会舆论让教育部面子挂不住了，点名批评北京大学，甚至连当时的总统徐世昌都出面询问此事，暗中警告北京大学管理层，北大作为国立学校，应该保持“高尚的道德水准”。

连大总统都出面了，这让教育部惊恐不安，1920年4月15日给北大的函件就告诫道：“旁听生虽与正科生不同，惟国立学校为社会观听所系，所有女生旁听办法，务须格外慎重，以免发生弊端，至于女学前途转滋障碍，斯为重要。”而且还派官员前来责问蔡元培，强调大学招收女生是开创新法，按道理应该向教育部申请批准同意，否则不可擅自行事。

对于政府、教育部处理“大学女禁”问题的作态，蔡元培非常不满。早在1920年元旦接受上海《中华新报》的采访，他回答“大学开放女禁”的问题时就说：“且稽诸欧美各国，无不男女并收，故予以为无开放女禁与否之问题。即如北京大学明年招生时，倘若有程度符合之女学生，尽可报考，如程度合格，亦可录取也。”

如今，北大招收女学生已成事实，再大的压力蔡元培也要顶住，并设法寻找一切机会，让社会理解大学开放“女禁”的必要性。他在北京青年会上举行演讲，公开提倡大学男女同校，呼吁男女平等制造社会舆论，还向《上海新报》的记者发表讲话：“如果向教育部门提议，一定不会获得通过。其实教育部的学制上并没有规定女生不能就读大学的条令，所以如果招考时有女生来报名，就可以让她们参加入学考试，一旦考试成绩及格，就可以录取批准她们进入大学就读。我希望能够从北大开始招收女生。”希望通过媒体的力量向民众伸张正义。

听说王兰进入北大之后，很多女学生羡慕不已，接着北京协和女子大学的查晓园和奚桢也携手来北大申请旁听，后来邓春兰也如愿地进入哲学系旁听。1920年3月11日，《北大日刊》专门报道了首批进入北大的9位女生。

1920年秋季，王兰等9名女学生参加考试，考试合格者获得北京大学正式录取为正科生，开创了我国公立大学招收女学生的先例。这消息在全国引起了惊动，社会各界对此表示支持，知识分子们热烈响应，教育界一片欢欣鼓舞。此后，全国各大高校纷纷效仿北大，也开始陆续招收女生入学就读。不管那些封建卫道士如何竭力反对，女生上大学已成了无法挽回的事实。而曾经强硬的政府对此睁只眼闭只眼，既然女生上大学已是趋势，教育部也只有顺水推舟，默许各大学招收女生，就这样，中国的女子终于真正与男子一样，拥有了受教育的平等权利。

开设平民夜校，学术服务社会

当时的北大，绝不是大门紧闭的学府，而是几乎面向社会开放的学术乐园，有“五大公开”。第一就是图书馆公开，不论是谁，有无学籍，贫富贵贱，都能进入图书馆免费翻阅书籍。第二就是浴室公开，学校浴室淋浴的蓬头一天到晚都有水供应，不论是什么人都可以进去淋浴。第三就是运动场全面开放，一到下午，操场上就挤满了人，外来人员比本校学生还多。第四就是食堂公开，什么人都可以在食堂买饭吃，不论是谁都是一样的菜价。第五就是课堂公开。

当然，最受追捧的就是课堂公开了。那时候，不论是店小二还是工人车夫，或者是读不起书的青年，只要有求知欲，都可以进北大听课。学校的大门永远是敞开的，上课铃一响，只需在门口索要一份讲义，就可以走进教室听课。那时候的北大课堂，总是挤得满满的，里面存在着三种学生：一是通过入学考试正式录取的注册生；二是没参加入学考试，通过办理旁听手续进来的旁听生；第三就是偷听生，他们既无正式注册，也没有办理旁听手续，是未经许可偷偷来北大听课的。有不少人为求学，就在北大附近租下廉价的房子，长期在校内当偷听生。

对待他们这样的偷听生，北大教师们从不排斥驱逐。教授们认为，学术应该是天下的公共财富，是属于求知的人，只要他们想听，就大胆放心地听。他们想去偷听谁的课，就偷听去，甚至可以追着教授质疑提问，写出长篇大论的文章请求指正，也没人盘问他们的来历。

1918 年 4 月 14 日，北大开办“校役夜班”，为社会上求学的人而设。不论对方是什么年纪，是什么身世、国籍、学历、职业，只要想来听课，到学校办理登记手续就可以。为了保证夜校教学水平的质量，保证每一位夜校生来到课堂能学有所成，蔡元培给上夜校的教授设立了一些促进其积极性的惩奖条例，以不违背“民主、自由”为原则，更好地发挥每一位教授在这个社会上的作用。

“校役夜班”开办一年多后，蔡元培又积极倡导“成人教育”，借此扩大社会民众的受教育范围。1920年1月18日，北京大学开设“平民夜校”，首次开课的典礼上，蔡元培发表讲话，向前来求学的普通老百姓解释“平民的意思是人人都是平等的”，并发动在场的听众，“把你们所已知的传达给他们——你们的亲戚或朋友——使他们的子弟也入他们的平民夜校去求学”。

蔡元培是想通过“平民夜校”对百姓进行启蒙，打通社会与学校之间的隔阂，彻底扫除北大沉积多年的官僚气息，以及北大学生高傲自居的思想，拉近了学术与社会大众之间的距离。“平民夜校”可以说是自由主义和平等主义结合的实验田，成了蔡元培实现“教育救国”的园地，同时也成了中国学府与社会结合的典范。

守旧势力反应强烈，改革之路压力重重

蔡元培在北京大学进行的每一项改革，都不是一帆风顺的，有时甚至困难重重到眼看只有走人的地步。北京大学原本就是一个利益紧扣的大集团，实行改革，破除旧制度，必定会损害到一部分人的利益，引来反对是必然的。

就拿北大开讲元曲的事来说吧。当时就有人这样说，戏

都唱进教室里去了，学校和妓院还有啥区别？学校提倡白话文学，开骂的人就更多了，有人说用樵夫渔民之流的语言来写文章不成体统，有些守旧派教授更是直接在课堂中骂起来："这上课，都把《金瓶梅》当教科书了！"说那些新派教员愚昧无知，就知道奉承。

在当时，北大的改革备受全国媒体关注，这更加剧了一些封建旧派的强烈反对。上海研究系的《时事新报》掀起反对北大的舆论先河之后，紧接着，北京安福系的《公言报》发出猛烈攻击，由林琴南写公开信给蔡元培，公然指责他的改革失误，首先批判正在大搞新文化运动的陈独秀，抓他的私人行为大做文章，揭穿他有赌嫖的恶劣作风。借这舆论风头，维旧派媒体大肆批评新文化运动，林琴南更是公开激言指责蔡元培，给北大列举罪行，要求校方驱逐陈独秀、胡适等人，以正学术之风气。

对此，蔡元培并不示弱，他拿出民主斗士的架势来，撰写公开信给林琴南，据理反驳那些对北京大学以及新文化运动的指责：

对于学说，仿世界各大学通例，循"思想自由"原则，取兼容并包主义，与公所提出之"圆通广大"四字，颇不相背也。无论为何种学派，苟其言之成理，持之有故，尚不达自然淘汰之运命者，虽彼此相反，而悉听其自由发展……对于教员，以学诣为主。在校讲授，以无背于第一种之主张为界限。其在校外之言动，悉听自由，本校从不过问，亦不能代负责任。例如复辟主义，民国所排斥也，本校教员中，有拖长辫而持复辟论者，以其所授为英国文学，与政治无涉，则听之。筹安会之发起人，清议所指为罪人者也，本校教员中有其人，以其所授为古代文学，与政治无涉，则听之。嫖、赌、娶妾等事，本校进德会所戒也，教员中间有喜作侧艳之诗词，以纳妾、狎妓为韵事，以赌为消遣者，苟其功课不荒，并不诱学生而与之堕落，则姑听之。夫人才至为难得，若求全责备，则学校殆难成立。且公私之间，自存天然界限。譬如公曾译有《茶花女》、《迦茵小传》、《红礁画桨录》等小说，而亦曾在各学校讲授古文及伦理学，使有人诋公为以此等小说体裁讲文学，以狎妓，奸通，争有妇之夫讲伦理者，宁值一笑欤？然则革新一派，即偶有过激之论，苟于校课无涉，亦何必强以其责任归之于学校耶？

蔡元培的这封信，虽然让林琴南有些无言以对，但是并不代表其他反对势力就此黯然退下。蔡元培身负使命，独自担当，竭力保护新文化的火种。可是，就因蔡元培这副“硬气”，教育部表现出不满，同时也引来了北洋政府对他和北大的高度谴责。

1918 年 11 月 16 日，为庆贺第一次世界大战结束，北京教育界举行了声势浩大的集会游行，蔡元培被推选为大会主席，负责主持演讲。在现场，蔡元培发表了《劳工神圣》的讲话，提出了凡是通过自己的劳动为社会做贡献的人，不论是提供体力还是脑力都是劳工。他呼吁社会必须正确认识劳工的价值，敬仰劳工。这场演讲效果显著，引来现场的一片欢呼，同样也让北洋政府更加担忧。北洋政府认为蔡元培他们在利用集会的力量，当众煽动反抗政府的言论，再加上陈独秀时常散布新文化思想，北洋政府认为北京大学早就成了文化革命的据点，于是暗中对教育部施压，甚至派人跟踪蔡元培。

蔡元培与林琴南在媒体上对决不久，教育部就委派官员上门奉劝蔡元培解聘陈独秀、胡适等人，并在背后推动认识蔡元培的人去劝他，将《新青年》杂志的编辑部从北大撤除。

1919 年初，某报纸登出了陈独秀在八大胡同和学生们争风吃醋，当街打架，还打伤了妓女的丑闻。这下，那些时刻将矛头对准北大的反对派抓住了把柄，驱赶陈独秀等人的声音迭起，就连教育部都打来了谴责电话，要求北大立刻下发陈独秀的解聘书。

这件事非同小可，蔡元培不能不予以重视。3 月 26 日晚，蔡元培和学校的几位元老在汤尔和家聚首，就此事的解决办法商谈到深夜。汤尔和、沈尹默极力劝说蔡元培，都认为是否解聘陈独秀，已成了关系整个北大生死存亡的关键。如今他已成众矢之的，不能为了他一个人而牺牲整个北大，这样的代价不值得。

蔡元培一向尊重汤尔和和沈尹默的意见，如今连他们俩都持有这样的观点，可见陈独秀等人难以保全了。可是，爱惜人才的蔡元培却狠不下心做驱逐的决定，望着天花板一直沉默。沈尹默又提醒蔡元培说："陈独秀、胡适两人的言行中确实有反政府的意思，你作为北大校长不加以管理，北洋政府本来就有不满，如今还坚决抗拒的话，恐怕是对你不利，而且据我所知，政府已派人监视你和学校了。"

这时，蔡元培却站了起来，大义凛然地说："这些事我都不怕，我忍辱至此，皆为学校，但忍辱是有止境的。北京大学一切的事，都在我蔡元培一个人身上，与这些人毫不相干。"

为了北大，为了推动中国新文化的发展，蔡元培不惜牺牲自我，他爱惜每一位人才，为了保护北大能有繁花似锦的学术盛景，他将个人安危置之度外。当然，陈独秀最终还是离开了北大，但蔡元培对陈独秀等人一直以来的支持，促使了新文化运动以北京大学为中心，迅速向全国蔓延开来，让新文化在全国遍地开花，完成了中国文化历史性的输血和更新。

第四辑　蔡元培小传

科举考试那些事

在生命的最后几年里，漂泊异乡的蔡元培，总爱对子女们说起关于故乡笔飞弄的一切。笔飞弄是位居浙江绍兴山阴县城里的一条街，据说这附近还有笔架山和笔架桥。相传大书法家王羲之曾在这条街住过，因王羲之生气时扔掉手里的笔，不想毛笔竟扎进了墙壁里，由此得名。

蔡家在笔飞弄里是一大户人家，祖辈世代靠经商为生。到了蔡元培父亲蔡宝煜这一代，家族中除了六叔蔡铭恩考中秀才外，其他叔伯都靠经商为生，而且生意做得挺大。1868年1月11日，蔡家迎来蔡元培的诞生。按家族传统，蔡宝煜曾希望蔡元培继承父业，和他那几个叔叔一样成为商人。可蔡元培从小就表现出读书人天生的“痴劲儿”。

蔡元培会走路时，发生了一件趣事。有一次，家里的女佣带蔡元培和刚满月的弟弟下楼吃饭，由于台阶太高，女佣就让蔡元培在楼梯口等，先抱弟弟下去。到楼下佣人被叫去做其他事，一时把蔡元培给忘了，结果蔡元培就在楼梯口一直坐着等，专注地研究楼梯扶手的犄角旮旯，自己快乐地玩了几个小时。

蔡宝煜见状，决定让这个孩子读书，考科举，光宗耀祖。而蔡家也乐于见到子孙孜孜读书，勉力向学的情景，偌大一个家族，可不能只出一个秀才而已。

1872年，蔡宝煜聘请塾师来到家中，教授年仅4岁的蔡元培读书写字。他的启蒙老师姓周，教读《三字经》等儒家初级读物。周先生按传统的科举教学来培养蔡元培，老师读，学生跟着读，从不讲解意思，而是强调熟读到能背诵。蔡元培从不是死记硬背的乖学生，他总是在课余向老师提出奇怪的问题。起初，周先生只是刻板地答："等你读多后就知道了。"随着蔡元培的提问越来越多，一副打破砂锅问到底的态度，周先生也改变了教学方式，与蔡元培进行些许交流。

除了读书，还要习字和对课。习字主要是通过描红和临帖练习毛笔字。可蔡元培总是不耐心练字，把更多的工夫花在了阅读上，熟记文章典籍的内容，研究其中含义，目的是能在上对课时，老师一出上联，他就能答出美妙的下联，博得老师的微笑点头。

蔡元培爱读杂书，年纪不大，就把六叔蔡铭恩那点藏书翻完了。有一次，他正在楼上读书，突然兄长匆匆跑上楼，惊慌失措地说："起火了，快下楼！"蔡元培心不在焉地应了一声，随手翻书页，又继续看。直到手里的书看完后，蔡元培才从窗子探出头来，只见楼下浓烟滚滚，火已被扑灭，他却高兴地对楼下的兄长喊："我终于把这本书看完了，这本书写得太好了！"

尽管出身商贾之家，但蔡元培的少年生活并不优裕。1877年，父亲蔡宝煜去世，给一向不善积蓄的小家庭带来重创。母亲不愿向亲戚开口求助，靠一些好心人的还款和典当首饰辛苦养家。塾师已请不起了，9岁的蔡元培只好到其他私塾上学。私塾的老师李申甫先生是一个非常古板的人，教学方法依旧单一，基本上是"复述"，对学生的要求也是"背诵"，背不出来就打手板。一次蔡元培向老师提问一篇文章的意思，老师就反问他，你能背出来吗？蔡元培沉默低头，老师就让他伸出手，在上面留下了三个尺印，并严厉地说："等你哪天能背出来时，我就回答你这个问题。"求知欲强的蔡元培花了一晚上的时间背诵文章，次日早上，他如愿获得了老师的讲解。不过，李申甫先生的严格要求使蔡元培打下了扎实的儒学基本功。

1879年，蔡元培学习写作八股文。半里地外花桥的王子庄先生教授八股文有一套，名徒辈出，第二年，他就和三弟到王先生所办的私塾里去拜师。王先生的教学方法对蔡元培影响很大，后来他在南洋公学授课，所用的教学方式也多有在王先生的教学方式上加以改进的痕迹。

对于初学者来说，八股文按内容的广、窄，篇幅的长、短来划分，有大、小题之区别。王先生指导学生写小题时，不用条规来限制学生的思想，而是让他们先实践，文章出现不妥的地方也不直接用红笔圈点，而是把学生叫到跟前，说明错的地方和问题，再让学生自己揣摩、修改，直到改好为止。那时候的蔡元培为修改文章，常常挑灯奋战。一次他发现早上起来思维更清晰活跃，从此就养成了早起写作的习惯。

学八股文期间，爱读书的蔡元培还向同学借杂书来看。王先生发现蔡元培在偷看《三国演义》，当场告诫他："别看这种书，因为将来你参加科举考试，作文只能引用《四书》《五经》中的典故与辞藻，书看杂了会耽搁你日后考取功名。"蔡元培虚心接受教诲，却不能抵御阅读杂书的快乐。此后王先生又见他读杂书，干脆装作不知道。

1885 年，17 岁的蔡元培考中秀才，从此他结束私塾生活，步入个人修习的阶段。当时，六叔蔡铭恩在绍兴开起私塾，添置了不少新书，蔡元培没事就往六叔那儿跑，从他那儿读到了《日知录》等经典名著，开始自学写散文与骈文。

听说田春农擅长写散文，蔡元培就把自己写的文章给田春农指点，竟得到了极高的赞扬。田春农赏识蔡元培的才华，把他推荐给绍兴富豪徐树兰。恰逢徐家兄弟在编印书籍，徐树兰让蔡元培当儿子徐维则的伴读，兼为他们校勘书籍。在徐家的四年里，蔡元培不仅校勘了《绍兴先生遗书》

《铸史斋丛书》等书籍，还读遍徐家楼中的万卷藏书，但凡他认为精彩的作品中均留下了他的批注。

20 岁那年，蔡元培参加乡试，他凭借“怪八股”轰动当地文坛，以排名第 23 名的好成绩成为举人。

蔡母去世满两年后，蔡元培迎娶绍兴的王昭为妻。这桩婚事完全是母亲生前确定，由兄长一手操办的。两人在婚礼前素未谋面，毫无感情基础，生活之初口角频发。婚姻并没让蔡元培分心，反而让他更加刻苦。1890 年春天，他前往北京参加会试，以位居第 80 名的好成绩成为贡士。面对接下来的殿试（复试），蔡元培心虚了，因为殿试只讲形式不重内容，书法好的自然引人注意，字写得不好的，甚至连看都不看试卷就被甩到一边了。蔡元培一直对自己的书法没信心，觉得能考上的把握不大，决定放弃这次晋升进士的机会，等下次再来补考。

1892 年，蔡元培再次前往北京，补考殿试和朝试。在这两年时间里，他并没花多少时间习字。当初从北京回到家乡，虞县就聘请他担任志馆的总编辑。蔡元培在编写目录时大胆创新，却遭到同事们的质疑和嘲笑，尽管说明了自己改动的理由，还是不被接受，蔡元培生气了，干脆辞职。而他这次敢来京城参加殿试，是听说了张之洞当年考殿试的经过，也打算不拘于传统格式，不走寻常路。

在审试卷时，蔡元培的书法确实遭到了质疑，一位大臣说："怎么不写馆阁体?"馆阁体是清廷用于文书通行的一种字体，这暗指蔡元培的书法不过关，不适合做朝廷官员。这时，站在旁边的汪鸣鉴抢过卷子看了一看，赞扬道："这字明明学的是黄庭坚的嘛，你看，很有几分山谷的神韵啊。"连当代有名的书法家都这么说，阅卷官就不再挑剔书法的问题了，继续审核文章内容，最终将蔡元培放进了"二甲"行列（清朝考试规定补考者不能名列一甲），蔡元培被录为进士。此后又经过朝考，钦点为翰林院庶吉士。1894 年春天再进京参加散馆考试，蔡元培被授为翰林院编修，从此步入士大夫阶层。

中进士，入翰林，这是当时多少读书人一生梦寐以求的，蔡元培却在 26 岁时抵达科举顶峰，由一介平民变成京官，这真让人艳羡啊。可是，18 世纪末的中国不再国泰民安。蔡元培入京不久，就爆发了中日甲午战争，北洋海军惨败，完全将清政府的腐败暴露出来，再加上签订《马关条约》，割让大片国土，这让蔡元培的内心难以平静。

是什么原因让日本这个小岛国变得如此强大，竟然能将洋务派经营多年的海军打得落花流水？善于思考的蔡元培找来中国人翻译的《日本新政考》等关书籍进行研究，设法了解外面的世界，从中破解中国落后的根源。

随着新学著作阅读量的增加，蔡元培虽然身居翰林，可心已飘远，目睹了清政府的种种腐败制度和卖国求和的卑劣行为后，他满腹失望。1895 年秋天，蔡元培告假回乡，在绍兴设法寻找关于西方科技的译本来读，还积极与当地一些进步人士接触。随着对西方新知认识的加深，蔡元培将自己过去的知识结构进行了检点，对翰林生活丧失了兴趣。他整日浏览西方书籍，一心研究西方的各种思想，希望能从中探索出一条救国强国的道路来。在《假如我的年纪回到二十岁》的回忆录里蔡元培这样说："回想二十岁的时候，还是为旧式的考据与词章所拘束，虽也从古人的格言与名作上得到点修养的资料，都是不深切的。"

1898 年 6 月 11 日，光绪皇帝在康有为、梁启超等人的拥护和协助下，发动维新变法。一夜之间，维新派成了炙手可热的人物，引来各级官员的攀附。蔡元培却没随波逐流地参与新政，而是响应文化界风潮，在同年 8 月与友人筹建东文书社。蔡元培这样做，并非排斥变法，中国若要崛起，必定要改变现有的制度和社会风气，而这几千年形成的老祖宗文化，不是颁布几条命令，就能够从根本去改变的。再则，蔡元培不太认同维新派一些人的心态和作为，特别是听到有人在背后辱骂慈禧后，就决心不与这些人为伍。在以研究日本文化为目标的东文书社里，蔡元培向精通日文的朋友们学起了日文，以能够更直接、更深入地研究日本的文化，研究日本崛起的原因。

三个月后，"百日维新"失败，皇帝被软禁，新派人士有的被捕，有的流亡国外，有的惨遭杀害。整个朝廷人心惶惶，个个都设法逃避嫌疑，蔡元培等这些年轻的文官也被朝廷列为监控对象。

朝廷的做法让蔡元培心寒，他更看不惯官员们猥琐的行径，坚信这样的政府和官员成不了大器，只会让中国更加落后，最终沦落到被列强瓜分的地步。也是通过对日本的更进一步研究和了解，蔡元培认为当下的中国，首先要改变人民保守的旧思想，移风易俗，社会形态变了，朝廷自然而然就会接受新的制度，而要改变人的思想必须要靠教育。同年 10 月，蔡元培向翰林院递交了辞职书，从此踏上了教育救国的理想之路。

投身教育，一波三折

否定了朝廷，更新了自我的蔡元培，携带家眷回绍兴后，一边继续阅读西方书籍，一边寻求实现理想的机会。很快机会来了，徐维则的伯父徐仲凡向蔡元培发出邀请，希望他能到绍兴中西学堂来担任校长。

中西学堂最初由徐家牵头募集资金，得到清政府公款资助后于 1887 年修建，是一所旧式学校。虽然蔡元培从未当过教书先生，但由于当年在徐家当徐维则的陪读又校勘书籍，徐仲凡对他的才华早有赏识，况且他还是一位问鼎翰林的进士，因而决定聘请他。可是，蔡元培给中西学堂带来的不是传统的儒家文化，而是徐仲凡闻所未闻的新式教学。

蔡元培参照日本的治校办法，大刀阔斧地将中西学堂进行改革，在保留国学精粹的同时，增加了哲学、史学、数学、物理、外语等西方学科，在学堂原有的英语、法语课程基础上再增设日语课程，特聘日本人来任教。其次，还建立了新型的课程制度。绍兴中西学堂的学生是按年龄和语文水平来划分的，共分成三个班级，文化程度相当于后来的高小、初中、高中一年级，数学和外语暂时难以根据学生的情况来划分班级，就先作为学生的选修科目。

蔡元培意识到，要提高整个学校的教学水平，就必须要有优秀的教师队伍。他四处收罗人才，聘请薛朗轩、马絅章等学有所成的老师来授课。在经费不足的情况下，蔡元培还想方设法购置了一批实用书籍，创立名为“养新书藏”的学堂图书馆，并且亲手拟写《绍郡中西学堂借书略例》，方便社会人士来借阅书籍，希望以此增加社会上受教育的人数。

在蔡元培的苦心经营下，不到一年时间，中西学堂呈现出崭新的面貌，成为名副其实的中西合璧的学堂，在当时的浙江地区极有名气。不过，只要有新东西注入，必定会与旧的形成对比，中西学堂的教师就因思想不同，日渐形成了新、旧两派，因看法不同而时常相互辩驳，渐渐地，中西学堂的食堂就成了唇枪舌剑的战场。当时的食堂是一间大厅，教师和学生都坐在一起吃饭，任意聊天，所聊话题多涉及政治、社会、风俗。由于新、旧两派看问题的立场不同，一个不服一个的看法，谁都想用自己的想法压倒对方。新派都是一批意气风发的年轻教师，很受学生欢迎，有时争到最后，旧派就剩下几个老教师在那里据理力争，多有寡不敌众之感。就此旧派曾向督办投诉，还说“新派思想只会教坏后代”。

徐仲凡是不折不扣的老儒者，当然站在旧派这边了。只是这些年轻教师基本上都是蔡元培请来的，碍于情面，他不好公开干涉这种事，再说这也不属于他的管辖范围。后来，就为重男轻女的社会风气问题，新旧两派争执了很多天，最终酿成了两派势不两立的局面，学生也跟着分成两派，在教室里打起架来。

为此，旧派向董事抗议，以罢课作为威胁。这时候，徐仲凡再也坐不住了，他赶往蔡元培的办公室，就学生打架一事委婉地劝告蔡元培，希望他能屈从旧学。可蔡元培坚决拥护新派思想，不肯妥协，他认为派别之争自古就有，不能因某些人的不满或者受委屈，就将新思想打压。几天后，徐仲凡派人送来了一张1900年2月21日的《申报》，要求蔡元培将报纸上一篇清朝为恫吓维新派人士而写的评论文章抄下来，挂到大厅去，让所有人受训。

徐仲凡这样做的意图，蔡元培心里很清楚。大家是老相识，徐仲凡不会因新旧派的问题出言责备蔡元培，但并不表示他支持新学，支持他的改革。而学堂不改变教学方法，不注入新思想和理念，如何教育出救国栋梁？蔡元培同样碍于面子，没有与这位志不同道不合的董事继续处于对抗状态，也没有为保住校长这顶“乌纱帽”而虚伪做人，他写信给徐仲凡，表达了自己对新学的看法与态度，并声明辞去校长一职。

从中西学堂出来后，蔡元培直接进了剡山书院担任院长，希望能在这所学校实现他的教学理想。可他这院长只是个虚名，并无实权，实际工作不过是每月根据《四书》内容出一份考题。出于家庭负担的考虑，蔡元培暂时坚持留下来，试图静待时机改变剡山书院的现状。他多次对书院的学生做演讲，大力宣传科学对社会发展的重要性，通过各种方式劝学生重视科学，学习西方科学知识，可那些一心想考取功名的学生对此无动于衷。蔡元培又想，这些学生大概没了解过西方科学的先进，不如买一些西方科学书籍回来，建个图书馆，循序渐进地引导他们。蔡元培就向书院表明这个想法，得到的回复是书院经费有限，暂时还无法拨出款项，至于什么时候能拿出钱来，没个定数。久而久之，蔡元培也心灰意懒了，耗在书院里没事就阅读西方书籍。

恰巧在翰林院认识的老同乡张元济来到上海，他刚担任南洋公学校长一职。蔡元培就前往上海考察，对开创新学教育的南洋公学十分赞赏。当时，南洋公学正向社会招考特班生，为朝廷输送人才到海外留学做储备，张元济希望能由蔡元培来担任特班生的教导工作。

蔡元培厌透了家乡的封闭气息，从上海回来，觉得再耗在剡山书院简直是浪费时间。于是，1901 年辞掉书院职务前往上海，担任南洋公学特班生的教授工作。

蔡元培长期对日本各种等级、不同性质的学校治学方式进行研究，总结出一套教学办法，打算在南洋公学执行。除了教授学校规定的科目，蔡元培很注重培养学生的综合素质，每周根据学生所选科目分别开列书目，让学生去学校图书馆借阅，周末将读书笔记交送他批改。每月出题布置作文一篇，全由他亲手批阅。每天晚上蔡元培还要召集两三个学生到办公室谈话，交流学习办法，指导学生。特科班学生的学习生活被蔡元培规划得满满的，每隔十天，每个学生就能与蔡元培当面交流一次，这样极大地促进了学生的求学积极性和师生感情。

蔡元培还鼓励学生多读西学书籍，不单读英文书籍，还要读日文的著作。他还成立演说会，特意培养学生的演讲能力，定期举办活动，让每个学生轮流练习演说与辩论。在教授学生的同时，蔡元培不忘自我的学习提升，以身作则。为了研究西方文化，蔡元培克服种种困难，向马相伯学习拉丁语，还送24位学生去学拉丁语。在蔡元培孜孜不倦的培育下，从特科班出来的人才不少，有后来成了北京大学校长的胡仁源，近代著名的文学史家谢无量，被尊为中国现代艺术先驱的李叔同等。

1902年元旦，蔡元培与第二位妻子举行了中西合璧的简朴婚礼，结束了为期两年的单身生活。自离开翰林院从北京回到家乡，他的第一位妻子王昭就卧病不起，在蔡元培于绍兴中西学堂任职期间病逝。

丧妻不久，蔡元培就成了媒人争先恐后提亲的对象，给他惹来不少烦恼。蔡元培想了个办法，在门口的墙壁上贴了一张征婚启事，郑重声明：若不符合以下条件者，就不要来打搅了。这份征婚启事在当地引起轰动，媒人们一个个望而却步，同时也引来那些维护传统风俗的人的侧目。

蔡元培的第一桩婚姻由母亲指定，虽然通过《夫妻公约》重新调整夫妻关系后，曾出现过和谐景象，但蔡元培切身体会到没有感情基础的婚姻是多么不合理，与志趣不同的女子相处，弊病多多。因此他要求：第一必须是没有缠足的女性；第二必须是识字的女性；第三，男子不得娶妾；第四，如果夫妻感情不和，可以离婚；第五，如果丈夫先死，妻子可以改嫁。尽管很多人都说没有符合征婚启事上这些奇怪条件的女子，可上天却有早安排好的缘分，让他遇见了黄仲玉。

他们俩是通过一幅画认识的。有一次，蔡元培为学校的事出差杭州，看到一幅工笔画，觉得画工不错，署名是黄世振，字迹却像是出自女子之手。蔡元培感到疑惑，朋友笑着说："这是江西黄尔轩的女儿黄仲玉。"蔡元培听说她出身书香世家，擅长写文作画，父母开明不给缠足，而且性情温婉家教很好，对她非常感兴趣。在友人的撮合下，蔡元培与黄仲玉见面，两人果然一见倾心。

新婚不久，蔡元培就积极投身于事业中去。1902 年 4 月，蔡元培和几位知名教育家在上海发起成立中国教育会，其目的是发展中国的教育事业，增进人民的爱国观念。蔡元培希望能借中国教育会的影响力，创办出理念先进的教育机构来，进一步实现教育救国的理想。

教育救国，中国教育会与爱国学社

南洋公学时期的蔡元培，时刻在思考科学治学，一直在不断学习，通过各种办法，尽可能地了解外面的世界。1902年夏天，趁学校放暑假，多年来研究日本教育制度的蔡元培前往东京考察，计划逗留一个月。遗憾的是，刚到日本不久，就碰上了吴稚晖与驻日公使蔡钧发生冲突，吴稚晖被日本警察缉拿，蔡元培为解救吴稚晖而四处奔走，还亲自陪同他回上海，考察日本一行因此潦草结束。

吴稚晖事件传到中国，引起了一场大型的全国退学潮。不久，南洋公学的学生也用集体退学的方式，作为向学校管理制度表示不满的抗议。

此事因国文老师郭镇瀛桌面上出现一只洗净的墨水瓶而起，校务处不问青红皂白地开除了相关的三个学生。如此一来，校内新旧两派对立的矛盾激烈到极点。学生们的思想原本就非常进步而活跃，他们除了接受课堂教育外，还定期阅读各种进步报刊。当初学校禁止学生阅读西学报刊，限制学生的言论自由，就有学生和老师的冲突不断。如今，学校又开除无辜学生，南洋公学的学生就在1902年11月集体宣布退学，在校园内高呼“不愿再当奴隶”的口号。

这大面积的退学潮让南洋公学的管理者们恐慌，急忙就此事开会讨论。让蔡元培气愤的是，这次会议讨论不是为了寻找解决退学潮的办法，而是相互推卸责任，纠缠谁对谁错，都认为这是蔡元培平日提倡民主导致的结果。张元济于是出面解围道：“蔡先生确实提倡民主自由，但没有教学生闹事。”

就在这时，蔡元培站了起来，他面不改色地说：“我不认为倡导民主有错，也坚持学生应享有言论自由，如果大家觉得蔡某不适合担任南洋公学的教员，那我走就是了。”蔡元培说到做到，立即转身离去，当天就提交了辞职书。

学生听说此事后，义愤填膺，一个个挥拳要去校长那儿抗议。蔡元培安抚住学生，不想因自己的事连累任何人。学生们不舍得蔡元培走，他离开那天，全校学生在操场上排队，集体高唱爱国歌，送他出学校。

中国教育会对南洋公学的学生退学后的去向十分关心，派议员与退学学生接触，了解他们当下的情况和心愿。最后，中国教育会和退学学生代表在张园经商议达成协议，决定创办学校，取名“爱国学社”。

建一所学校所需资金不少，中国教育会并没有雄厚的经济实力去筹建。蔡元培心疼那些退学学生，不想耽搁他们学习的好年华。为了让退学学生早日接受教育，蔡元培一心扑在工作上，整天给朋友写信、发电报，苦口婆心地劝社会人士捐款。即使妻子黄仲玉三番五次告知他大儿子生重病，蔡元培还是抽不出身回去看望。

终于，一位远在南京的朋友来信说愿意借给他钱，但需要他亲自来取款。蔡元培喜出望外，立刻买票出发。临上船时，却听见人群中有妻子的呼唤声。她追来告诉他大儿子病重，昏迷不醒，连医生都摇头而去了，现在让他赶快回去看看，这可能就是最后一面了。

这让蔡元培左右为难，一边是长子，一边是那些渴望复学的学生，况且是好不容易才说服朋友借出钱来的，如果失信不去取，今后恐怕就更难借了。蔡元培前思后想，心如刀割，还是咬牙登船。这一去，他虽如愿借到了 6000 银圆，却永远失去了心爱的长子。等他马不停蹄地赶回家时，长子已入殓，他双腿一软倒了下去。

凭借这笔借款，爱国学社成立了。中国教育会将校训定为："以灌输民主主义思想为自己的任务，重精神教育。"选蔡元培为学校总理，黄炎培等人为义务教员。教学内容既保留国学精粹，又涵盖西方科学诸多门类，如算学、物理、化学、经济、法理等，特别注重学生的精神教育，设有心理、论理（逻辑学）、伦理、社会、国家、政治等门类；多门选修课如日文、英文、体操、美学等则用于提升学生的综合素质。

爱国学社划分四个年级，实施学生自治制度，住宿设立“评议会”，通过自治，监督学校行政以及学生的行为。学生们经常同教师一起外出参加集会演说，倡言革命。爱国学社下面还附设蒙学堂，创立童子会，出刊《童子世界》，使校园里的政治风气空前活跃。

在蔡元培的经营下，爱国学社不断壮大，学员倍增，同时也促进了爱国女学的成长。爱国女学的创办源于林宗素主张妇女解放的理念。1902 年，来自杭州的林少泉领着妹妹林宗素一起来到上海，为创办女子学校取经。在夫人黄仲玉的引荐之下，林宗素与蔡元培会面，蔡元培很赞赏林宗素创办女校的想法，又将她介绍给中国教育会。经开会讨论后，中国教育会的议员一致同意设立女学校，校名为爱国女学，请蒋智由担任校长。

后来，蒋智由去日本留学后，蔡元培被推选为爱国女学的继任校长。开办之初，女校的所有学生就是开办之人家中的女子，生源匮乏，不成气候。不过，随着张竹君女士从广州来到上海，给爱国女学注入了新活力。外加爱国学社创办，教育会劝说学生的姊妹来爱国女校就读，蔡元培修改了爱国女学的授课科目，由爱国学社的教员兼任授课工作，两所学校就此共同发展起来。

为扩大生源，爱国学社有自己的一套宣传。恰逢全国各地反抗帝制的浪潮此起彼伏，只要某地出现闹学潮，就发电报去表示鼓励，游说学生加入爱国学社。当时南京陆师学堂爆发退学风潮，吴稚晖就动员退学学生加入爱国学社，学社一下子就增加了 40 多名学生。为此，蔡元培提议爱国学社增设军事训练课程，请章士钊等人教授学员操练，还以身作则地率先剪去长辫，穿上士兵服，风雨无阻地参加操练。

随着爱国学社的声名不断扩大，开始有来自全国各地各行各业的学员。慢慢地，爱国学社成了一个汇聚革命青年的据点。蔡元培深受影响，思想变得激进，也开始公开谈论革命。为反对广西巡抚王之春让法国军入境的行径，爱国学社举办拒法大会，于 1903 年 4 月 25 日组织上海各界人士在张园集会，在蔡元培的组织下高唱爱国歌曲。

为解决经费问题，爱国学社还另招小学生，让高年级的同学充当教师，拿所收学费来充当学校经费。同时，爱国学社名声渐大，慈善捐款也日渐增多，但加上这些款项，也只是勉强维持规模不断扩大的学校的日常开支。于是，学社里的人就开始起疑心，认为爱国学社并没如实得到捐款，毕竟那些钱都是中国教育会经手，如此转交，多有不便，于是有了独立的想法。

就爱国学社独立的问题，中国教育会开会商议。蔡元培在会上发表看法，他引用当年梁启超和汪康年共同创办《时务报》的例子，认为爱国学社和中国教育会不能走这条路，既然想独立，那就让他们独立去，宁可好好地分，也不要虚伪地合，整天以假面对人，争来争去不但没结果，反而让人看笑话。

中国教育会会长乌目山僧赞成蔡元培的提议，随后其他议员也纷纷同意。可章太炎不同意，他认为爱国学社“忘恩负义”，并以议员不到齐为理由，认为“会、社分离”只是少数人的意见，要求重新开会商议。

6月13日晚上，就爱国学社的独立问题，中国教育会再次召开商议会。随着张继向各位议员分发《爱国学社之主人翁》一文，鸦雀无声的会场里议论声渐起，几个爱国学社的学生代表你争我吵。章太炎反对分离，就与学生辩驳起来。蔡元培一向是沉静而好脾气的人，见这些人这般素质，心里压了一把火。他心想，这些人争吵不是为了学社的未来发展，却是为一点微不足道的利益。这时吴稚晖突然来了一句：“吵什么吵？你们争的不就是这几百块校具吗？”这话真够犀利的，让在场的人都羞愧不已，吵架声骤然停止。同时也给蔡元培内心的愤怒火上浇油。他突然站起来，走到会场正中央，语气坚定地说：“我已决心去德国留学，从现在开始，教育会、爱国学社的所有事情将不再过问，至于我所担任的职务，正好借此机会全部辞去，造成不便，还请诸位见谅。”

说完，蔡元培走出会场，尽管章太炎在身后大喊“我们表决”，亦不能让蔡元培回头。蔡元培最痛恨内部斗争，当初在翰林院，他看透了清廷中的“窝里斗”，看不惯那些官员为自己利益而整天唯唯诺诺。一个团体倘若出现内斗，除了只会伤害自己人，在无用的内耗中堕落和腐败，不会有更好的发展。因此，他宁可牺牲自己的利益，也不愿面和心不合地勉强凑在一起。他对这个团体是失望透顶的，对于一些人不足以当大事的猥琐行径更加愤慨，既然多说无益，不如放弃，这就是蔡元培的性格。

最终，爱国学社在《苏报》上发文宣告独立。中国教育会也在《苏报》上发文祝贺，表示承认其独立。而蔡元培，却与倾注过心血的爱国学社永远脱离了关系。

革命岁月，暗杀团与光复会

离开爱国学社，蔡元培打算去德国留学，还跟人学习起了德语，但因种种原因没有成行，只好逗留上海。

正巧曾经的山东县令陈镜泉想投身革命，找他一起创办报纸。蔡元培认为，以报纸宣传爱国思想，也是救国的好办法。于是他全力以赴，身兼数职，独自一人撑起报社。根据国内政治形势和舆论主流，蔡元培将日报命名为《俄事警闻》，专门刊登沙俄侵略东北的新闻，暗中倡导革命。随着清政府宣布“局外中立”的局势变化，这份报纸更名为《警钟日报》。

不久，陈镜泉又办了一家书局，将大部分精力和资金都投了进去，最终导致报社资金短缺。为了营生，蔡元培对报纸进行改革，设法扩大广告版面，靠上街敲锣叫卖扩大报纸销量等办法获取经费。可惜效果不佳，蔡元培只好靠筹款维生，惨淡经营。后来，蔡元培再度担任中国教育会会长并兼爱国女学校校长，这才辞去《警钟日报》的编务工作，重回他热衷的教育事业。日后《警钟日报》因内容有强烈革命倾向，很快就被清政府查封。

这接二连三的挫折，让蔡元培有些灰心了，他觉得在这个动荡不安的时代，很难实现教育救国的理想，唯有参加革命，推翻保守的清政府，才能安放得下学子的一张书桌。在办报的过程中，蔡元培深受虚无党的思想影响，非常欣赏俄国虚无党的暗杀手段，他的思想发生了巨大变化。1904年初，杨笃生等人秘密成立了“暗杀团”，蔡元培随即加入。关于这段历史，蔡元培在回忆录中说：“自三十六岁以后，我已决意参加革命工作。觉得革命只有两途，一是暴动，一是暗杀。”

这时的蔡元培变得激进起来，他尽己所能积极参与暗杀团的大小活动。暗杀需要武器，他就在爱国女学开设物理、化学，于课堂中着重讲授炸药的制造；还选拔女生进行培训，打算培养女刺客。当听说催眠术能瓦解敌人的意志，他就通过书籍和拜师学习催眠术，并且还主持了研制毒药、制作炸弹等工作，但均以失败告终。

但是，这些挫折并未动摇蔡元培的革命热情。他以治理学校的思维来运营暗杀团，利用自己的身份做掩护，努力介绍新人入团，极大地壮大了暗杀团的队伍。当年冬天，蔡元培与革命同志商议，征求因《苏报》案而在服刑的章太炎的意见，将暗杀团改成光复会，意为“光复中华”。革命党一致同意推举蔡元培担任会长。作为会长，蔡元培除了拟定章程，还借鉴秘密会党的做法，借用商业词汇，编了一套通信联络暗语。随后，他全力扩大光复会的规模，将弟弟蔡元康和秋瑾等绍兴同乡也吸纳进来，这些人后来都成了革命骨干。

同时，蔡元培坚信革命党只有团结合作，才能有效抵挡清政府的镇压，取得决定性的胜利。于是，蔡元培向浙江革命党的领导人发出邀请，约徐锡麟到爱国女学来协谈，劝说大家联合起来搞革命。从此，浙江的革命党开始联合起来行动，结束了各自为政、单独行动的局面。蔡元培这里，自然而然地成了浙江革命党派相互传达思想、信息的据点。

1904 年 11 月 16 日，清政府又劳民伤财地为慈禧太后 70 岁生日做寿。蔡锷刚从日本士官学校毕业，在蔡元培的引荐下也加入了光复会。蔡锷的回国让华兴会会长黄兴为之振奋，他认为这是爆发革命的好机会，打算发起长沙起义，从而将革命推向全国。在行事之前，黄兴向蔡元培知会起义事宜，希望他能跟其他革命党联络，获得浙江革命党的支持。蔡元培赞成他们的思路，连夜联络浙江党人全力响应起义。不料华兴会一名成员无意走漏了风声，清政府连夜派军队查封华兴会，并顺藤摸瓜追杀其他革命党人，起义尚未发动就惨遭失败。11 月 19 日，革命党人万福华在上海英租界用手枪刺杀王之春，由于枪法不准，王之春受轻伤，万福华当场被捕。由此还牵连章士钊等革命党人。

这可急坏了蔡元培。为了营救同志，他大力呼吁海内外革命同志捐款，聘请律师为他们辩护，并且还在报纸上发表《万福华传》的文章，希望通过舆论赢得更多的支持。

解决万福华的事后，蔡元培减少了革命活动，心思转向教育和公益事业上。回想自己一路走过的历程，他对自己的革命活动并不满意，并对那些失败的暗杀自嘲起来。他痛定思痛，重审自己的道路，深刻地认识到自己毕竟是个读书人，根本不擅长革命暗杀活动。尽管孙中山在日本组织同盟会后，委任他为中国同盟会上海分会会长，可蔡元培的思想已发生转变，他决定退出革命圈子，重拾曾放弃过的梦想，出国留学，重新回归教育救国之路。

好事多磨去德国，留学不忘祖国

要出国，资金成了蔡元培的大问题。筹集不到出国资金时，蔡元培也有过回到绍兴开办一所师范学校的想法，同样也因无人捐助，只得放弃。

1906 年 8 月，北京友人传来好消息，清政府准备派翰林院人员出国留学，叫他赶紧来京登记。这让蔡元培看到希望，他立刻前往北京。不到一个月，家人听闻朝廷已将他列入黑名单的传言，一封电报入京，蔡元培只得离开了北京。

尽管身处危境，蔡元培仍旧想去德国，次年春天又来北京打听留学之事。他这才知道，因政府缺乏经费，学生嫌欧美国家太远，翰林们全部都改去日本留学。蔡元培非德国不去，朝廷保送的渠道走不通了，他四处寻找去德国的机会，听说公使孙宝琦即将去德国，就千方百计托朋友向孙宝琦游说，希望能在驻德大使馆里担任职员，以实现去德国求学的愿望。可是，朋友迟迟没能带来好消息，蔡元培急了，干脆亲自登门拜访，满怀热情地向公使慷慨陈词。孙宝琦被蔡元培的求学精神打动，答应为他向朝廷申请去德国留学的津贴，不必兼任使馆职务，尽量专心求学。

蔡元培要出国留学了，老朋友张元济对此表示祝贺。听闻政府津贴太少，张元济答应再次援助蔡元培，郑重承诺每月从自己开办的商务印书馆中支出稿费100银圆寄往德国，条件是蔡元培利用空余时间为该馆编写书稿。蔡元培却将这些稿费留给国内的妻子做家用。

1907年6月17日，已过不惑之年的蔡元培，顶着清政府驻德公使随员的名誉前往德国柏林，初次登上欧洲的土地。在柏林，孙宝琦给蔡元培提供了不少帮助和支持，并介绍他为唐绍仪的几个在柏林读书的侄子教授国学。这样，每月可获得100马克的生活补助。

一年后，有了一定德语基础的蔡元培前往莱比锡大学，成为该大学为数不多的中国留学生。

在莱比锡大学，蔡元培仿佛进入了西方学术海洋，努力将自己变成一块海绵，尽量吸取更多的知识，整天不知倦怠地奔走于教室和图书馆之间。留学的三年时间里，他尽量多选修课程，哲学、文学、伦理学、心理学、欧洲史、美学等多达20多门，只要上课时间不冲突，他就去听，总是追着教授不停地提问和讨教，给学校的教授们留下了“中国学生勤奋好学”的好印象。

尽管半工半读的生活非常繁忙，蔡元培还是坚持抽出时间去各地考察德国学校的教育状况，吸取德国学校的治学方法，结合中国的情况，先后编写了五册《中学修身教科书》，给商务印书馆作为国内中学教科书出版。

虽然远在德国，蔡元培时刻不忘关注国内形势。他很清楚，没有一个稳定的社会，是无法创办出一流学校的；没有一张安静的书桌，教育只能是空谈。他每天阅读报纸，了解国内的消息。有一天，他无意中看到国内发生武昌起义的消息，兴奋得从椅子上站起来，仿佛提前看到了曙光。接着又收到吴稚晖从英国寄出的信，他建议蔡元培支持武昌起义，设法与留德学生联系，发电报回国，掀起社会舆论，以鼓舞革命军的士气。蔡元培当天就赶往柏林，积极为革命呐喊，每天都设法发电报回国，代表德国留学生声援革命。

武昌起义后，中国政局很快发生变化。不久，国内的革命党人陈英士发来电报，催促蔡元培赶快回国，参加在上海举行的大元帅推选大会。蔡元培没有丝毫犹豫，虽然他很怀念在德国求学的快乐时光，但他认为，此时已到了他学有所用的时候了，如今中国革命党已取得了一定的胜利，只要坚持下去，清政府迟早会被推翻。借此机会，他务必要回去宣传教育救国的思想，给革命政党派植入教育强国的理念。因此，蔡元培用最快的速度踏上了回家的轮船，结束留德之旅。

教育总长生涯，教育改革初见成效

1912 年 1 月 1 日，孙中山宣布中华民国临时政府正式成立，任命蔡元培担任临时政府第一任教育总长。

不过，教育总长的第一个任务与教育毫不相干，是代表孙中山去北京当说客。

对于当时中国的政治局势来说，以孙中山为首的临时政府并不受社会主流承认，影响力微乎其微。武昌起义后，南方各地纷纷宣布独立，但天下依旧还是清朝的，而最关键的人物是当时把控北洋势力的袁世凯。孙中山心里很明白，袁世凯不仅有能力劝退清帝，也能用武力将临时政府杀死于襁褓中。最终，孙中山以自己的总统职位为代价，公开向全国发表声明：只要袁世凯能劝退清帝，他愿意让位给袁世凯。

此后，中国的政治局面翻天覆地。1912 年 2 月 12 日，爱新觉罗·溥仪退位，清朝政府彻底灭亡。次日袁世凯公开发表声明，宣布赞成共和政权。孙中山信守承诺辞职，两天后，临时参议院选举袁世凯为中华民国临时大总统。

可是，袁世凯迟迟不按孙中山的要求来南京政府任职。

于是孙中山就派蔡元培担任专使，前往北京迎接袁世凯来南京。

搞政治当然不是蔡元培从德国回来的初衷，但是他清楚教育是国事，没有政府支持，是很难做起来的。如今救党就等于救自己，也是拯救整个国家，蔡元培只好硬着头皮，和汪精卫、宋教仁等 30 多人前去北京。

袁世凯早就清楚孙中山的意图，意识到去南京就职肯定会受制于革命党，于是用尽各种借口抵赖，不去南京。他与蔡元培打起了迂回战，制造兵乱，以此威胁蔡元培一行。兵乱后，袁世凯态度十分明确：绝不去南京。这时北方各界也发电报来反对袁世凯去南京。孙中山不得已，同意袁世凯在北京就职，北洋政府就此形成。1912 年 3 月 10 日，北京举办大总统就职典礼，袁世凯就职中华民国总统。

就在蔡元培正要返回上海时，北洋政府新拟定的内阁名单中却有他的名字，他仍旧担任北洋政府的教育总长。蔡元培死活不同意任职，来京的这些日子，他对袁世凯十分反感，决定坚决不在这种总统手下干事。

回到南京后，孙中山找蔡元培谈话，认为他去北京任职，有望稳固大局。这时传来消息，就在蔡元培走后，北洋政府众议院立刻任命范源濂为教育总长，谁知范源濂却悄悄走人了，教育总长一职只好空缺。听闻蔡元培愿意赴任教育总长一职后，参议院并无异议，蔡元培还托人代问范源濂是否愿意与他合作，出任教育部次长。能与一向敬重的老翰林共事，范源濂欣然同意。

担任教育总长期间，蔡元培厚积薄发，以改变当今陈腐的教育方式为己任，制定出适合培育出新型人才的制度。蔡元培认为，“忠君、尊孔”是统治者用来培养傀儡的手段，以此理念培育出的人才，难以符合时代的需求，更别说与世界同步了。他借鉴法国革命时代推崇的“自由、平等、博爱”思想，将“军国民教育、实利主义教育、公民道德教育、世界观教育、美学教育”作为中华民国的教育宗旨，在发表的《对于教育方针之意见》中，蔡元培大力提倡资产阶级民主主义教育方针，资产阶级教育制度和思想体系初步建立。

蔡元培主持教育新政策的制定，修订教育部的学制方案，主持《大学令》和《中学令》的起草和审议。这是中国教育史上最初的，也是最壮观的改革，颁布的《普通教育暂行办法》中强调要把中学和大学建设成健全国民的新型学校，并明文规定女子拥有和男子平等的受教育权利，提倡男女同校。

蔡元培对全国各省知名高等学堂实地考察后，发觉各省的学校教学水平良莠不齐，学习科目各式各样，教授方法也是千奇百怪，造成了毕业生进入大学后，难以跟上大学的进度。为解决这一现象，蔡元培将各省的高等学堂停办，在各个大学设立预科班，这样就能为那些基础差的大学生提供补习的场所，确保为大学输送符合标准的人才。

蔡元培也发现，国内的高等师范学校所设立的课程非常落伍，由此培养出的教师，根本不能胜任新时代的教学任务。他大胆停办这类学校，参考德国的经验，在大学设立教育学给学生研修，考试合格者就可以担任教师，这样不但能解决师资来源，而且培养出来的人才综合素质会更高。如此一来，就更加凸显了大学在整个人才培育链中的作用，而这就更迫切需要打造出一流的大学来。蔡元培十分明确大学对社会的作用，大学是为当地培养和输送人才的，等于是为社会打造智囊团的基地，大学还能为整个社会创造尖端的学术知识，是带动整个社会发展的核心力量。因此，蔡元培把京师大学堂改为北京大学，在南京、成都、广州等大城市也都兴建了一所大学。

蔡元培的教育改革刚取得了一定成效，袁世凯的独断专行就显现了出来。蔡元培在与宋教仁等人密谈后，他与同盟会的全体成员以辞职表示抗议。1912 年 7 月，蔡元培亲自前往总统府，递上辞呈。袁世凯假惺惺地“代表四万万人”表示挽留，可蔡元培却果断地回答：“元培亦对四万万人之代表而辞职。”之后头也不回地走出总统府。

再度赴欧，德、法之旅

从北洋政府净身而出的蔡元培，决定再去德国游学，希望能再学些国外的先进教育理念，破解自己在教育改革中所遇到的难题。当初他担任教育总长时，莱比锡大学的兰普莱西教授曾来信，希望能派几名留学生前往文明史与世界史研究所参与研究。可是没等人选确定，蔡元培就辞职了。经过仔细思索，他决定自己去德国。正好他的同事顾孟余也想去。于是蔡元培给接任教育总长的范源濂写信，希望政府能将这两名公费名额分配给他们两人。

1912 年 9 月，蔡元培带着妻子和儿女登上了前往德国的旅途，前往文明史与世界史研究所，协助兰普莱西教授从事研究工作。兰普莱西要求他们提供有关中国文明史的历史资料，蔡元培欣然提笔撰写中文稿，再由顾孟余翻译成德文，两人配合愉快，得到兰普莱西教授的称赞。同时，蔡元培又在莱比锡大学继续当留学生，深入学习各种科目，特别向学校管理层讨教学校管理的经验和办法。

就在他们在德国研究学术之际，国内突然传来宋教仁被刺身亡的消息。蔡元培两人立刻返回祖国。抵达大连时，表弟蔡国亲前来接车，劝蔡元培不要去上海，现在孙中山已和袁世凯决裂，眼看就要发生内战，他既已出国，就在外面躲避乱局吧。可蔡元培义无反顾地去了上海。

最终，孙中山、黄兴等革命党人讨袁失败，流亡海外。支持孙中山的蔡元培为避难，只好又带着家眷远赴法国。

在法国，蔡元培除了学习法语，还对《红楼梦》研究产生了浓厚兴趣，并总结百家精髓，写成《石头记索隐》。他还综合自己在德、法学到的西方知识，结合对中国的文化理解，编写了《哲学大纲》《欧洲美术小史》等著作。虽然身在异乡，他还和李石曾共同筹办《学风》杂志，大力提倡国内学子学习西方文化。

听说国内有不少青年想留学欧洲，但多数都苦于无经费，无法实现留学梦。蔡元培与李石曾商量，最终决定组织成立留法勤工俭学会，这样就能帮助更多渴望海外留学的学子来到法国。后来，周恩来、邓小平等不少人先后在法国顺利留学，都得益于这个学会的帮助。

第一次世界大战爆发，中国为支援抗战，委派数千名工人到法国后方工作。蔡元培认为，这些人来到法国这个世界瞩目的文艺圣地，只是来工作就可惜了，他希望这些工人能在工作之余抽空学习西方先进的科学和文化。蔡元培与管理方进行洽谈，最终决定在巴黎开办华工学校，还编写了中国现代最早的成人教育的教科书《华工学校讲义》，亲自为华工们授课。

1916 年 10 月 2 日，蔡元培突然收到范源濂发来的电报。原来，袁世凯已在两个多月前逝世，黎元洪成了北洋政府的掌管人，孙中山他们也已回国。而今，作为中华民国教育总长的范源濂，满怀热情地聘请蔡元培回国担任北京大学校长。

看到这封电报，蔡元培可谓是百感交集。他认为这是一个好机会，他研究治学多年，游学德、法，学到了不少西方的先进知识和办学理念，如今有了一个实践的地方，而且国内的政治环境也有所改变，推行教育改革应该是顺水推舟的事了。蔡元培欣然启程，于同年 11 月 8 日抵达上海。他是带着满怀希望的喜悦心情回来的，在船上远远望见中国海港，蔡元培激动不已。

执掌北大，最璀璨的人生篇章

事实上，范源濂如此舍近求远地请蔡元培回国担任北京大学校长，是因为此时的北大已成了谁也不敢碰的烫手山芋，在过去的五年时间里，北大已经相继更换了五位校长。聘请蔡元培，可以说是范源濂无可奈何之举，也是最后的绝招。当初范源濂与蔡元培在袁世凯手下共事，两人虽有过意见分歧，他最后还是被蔡元培的能力和眼界折服。就因这份同事情谊，蔡元培同样将范源濂当成了他实践西方治学理念的坚强后盾。

尽管有亲朋好友反对蔡元培担任北大校长，他还是将荣辱、利益等问题放下，满怀信念地勇敢跨出了这一步。也就是这关键的一步，掀开了他个人最璀璨的人生篇章，开创了中国教育史上最绚丽的景象。

改革，该如何改？此时的北大臭名远扬，是一个学术空气稀薄，教员无心教学，学生只知求官，终日以赌博嫖妓为乐的“官僚园”。

曾为儒家门徒的蔡元培以身作则，踏入校园与学校教职员会面的第一刻，他就摘下礼帽，对各位还礼，以此表示，从此的北京大学，不再沿袭过去的腐败制度。

蔡元培很清楚北大腐败的根源，在当天的开学典礼上发表《就任北京大学校长之演说》时，给学生提了三大忠告，还痛批了北大教员的思想，让他们明白，学校是一个精研学问的地方，而不是颁发文凭的机构，更不是升官发财的便捷渠道。

在学校管理方面，蔡元培大胆提出了教授治校。他组建评议会，但凡今后学校的重要大事都要通过评议会讨论确认后，方可实施；杜绝学校教员攀附权贵的不良风气，让学校管理实现民主自由。

蔡元培还将自主的理念注入学生的学习中，设法提升学生的学习积极性。效仿欧美各地知名大学的做法，废除“学年制”，采用“选修制”，学生修满一定的学分即可毕业。为更适合当下社会的需求，蔡元培提倡“学术分开，文理通科”，废除学长，设立系主任，到1919年，北京大学设立了文、理、法三个大类，共包含有14个系。

蔡元培还提出以美育代替宗教，重视学生的美学教育，亲自担任美学的教授工作，引导学生明白什么是美，懂得审美。为了让学生有健康的体魄，蔡元培在校内兴建操场，设立体操部，规定所有学生必须参加体操训练。

1922年，北京大学成立了各个学科的研究所，这是蔡元培为了推动学术进步而采取的措施。为此，他还兴建学校图书馆，多方筹钱，为图书馆购买新书，以满足研究所的研究需要和学生阅读的需求。

在纠正学风方面，蔡元培采取疏导与堵截两种办法，自发成立“进德会”，要求会员严格遵守不嫖、不赌、不纳妾等基本戒条。并且还在学校不定期举办音乐会，召开体育运动会，提倡学生成立自治会，在校园内实行学生自治，让学生们不再空虚无聊，无所事事。慢慢地，学生打麻将、吃花酒的不良行为消失了，取而代之的是专心研究学问的越来越多，北大校园中四处洋溢着良好的学风。

要成为一所优质的中国高等学府，就北大目前的教师队伍是远远不够的。蔡元培以“学术自由，兼容并包”的理念，不管遇到多大的阻碍，都决心整顿教师队伍。对于那些没有真实才学，甚至道德沦丧的败类，不管他有什么靠山和背景，都一律解聘。然后在国内外聘请学有所成、富有声望的专家来学校执教。

蔡元培请教授，只看对方的学术成果，从不顾及他的国籍、资历、年龄、思想倾向等问题，由此酿出了不少教育界的轰动新闻。

北京大学实行学制改革后，蔡元培一直在斟酌到底由谁来担任文科学长。汤尔和推荐陈独秀，于是蔡元培就以三顾茅庐的虔诚，将这位思想新锐、通晓多国语言的晚清秀才请到北大来，担任文科学长。

梁漱溟来到北大更为传奇。24岁的梁漱溟考北大落榜，却被蔡元培看中了他发表的关于研究古印度哲学的论文，认为此人非常有天赋，就破格让这个当不成北大学生的年轻人担任印度哲学的教授。

当时北大的客座教授也不少。1919年5月起，哲学家杜威远赴重洋，诚得蔡元培的邀请，在北大进行为期两年的讲学，包括哲学家罗素和杜里舒、文学家泰戈尔等相继来校讲学。1922年，苏联的盲人诗人爱罗先珂来到北京，蔡元培也毅然请他来北大教授世界语。

蔡元培主张学术多元化，学术上的不同派别，都会让它们共存。因此，北大的教师都出自不同的学派，政治观点和思想倾向各式各样。李大钊、陈独秀推崇共产主义，王宠惠则提倡三民主义，李璜信奉国家主义，辜鸿铭赞成君主立宪，刘师培幻想恢复帝制，胡适、钱玄同、吴虞等人大力鼓吹新文学……由于各位教授的学术观点不同，北大校园里天天大唱学术对台戏。假如有教授对同一学术问题看法相持，蔡元培干脆让他们各开一课，由学生自己去辨别，自己去思考。

蔡元培时期的北大，确实是一座民主自由的学术殿堂。教授在课堂上授课的内容，可以随他的研究而自己设定。学生选择听哪位教授的课，完全凭兴趣。社会上各行各业的人士，不论是商店营业员还是工人，只要在教室门口索要一份讲义，都可以走进教室听课。

北京大学还开创了“五公开”，图书馆、浴室、运动场、食堂、课堂均向社会开放。因此，北大课堂里坐着的不仅有正式生，还有旁听生和偷听生。北大教师从不排斥他们，偷听生不但能大胆地听课，还可以追着教授提问，甚至还可以写出长篇论文请求他指正。蔡元培还增开夜校班和平民学校，以大学术服务社会，扩大社会上受教育的人数。

北京大学在蔡元培的带动下，走在了中国大学的前沿，所实行的各项改革纷纷被其他高校效仿。随着学校名声的扩大，慕名来求学的学生越来越多，蔡元培不断收到让女子进北大就读的申请。1920 年 2 月，蔡元培又收到来自本校学生王昆仑的申请，说自己的姐姐王兰非常希望来北大就读。由于已过录取考试的时间，经蔡元培批准，允许王兰进学堂旁听，此后陆续吸纳了 9 位女学生，在全国首度开放“女禁”。这一消息轰动了整个北京。1920 年，王兰等 9 位学生参加北大录取考试，蔡元培批准同意，录取合格者注册为北京大学正式学生，从此开创了我国公立大学招收女生的先例。

1919 年 5 月 4 日，五四运动爆发，当天北大有十几名学生被逮捕。消息传来，蔡元培心急似火。他奔走四方，到处求情，希望能救出那些学生。为迫使警察局释放学生，蔡元培制造舆论，联系北京各大高校校长组成“校长团”齐聚警察厅，强烈要求释放被捕的学生。

学生们都安全回归了，蔡元培却向教育部提交了辞职书，悄然离开北京。他不得不走，传闻景山上的大炮口对准了北大，暗杀他的谣言四起。

蔡元培辞职，社会各界反应强烈。北京大学离不开蔡元培，北大的学生们更不舍得他走，就连北京各校都认为，蔡元培不能离开。于是，他们策划了一系列挽留蔡元培的活动。首先，由北大学生集体向北洋政府请愿，假如政府不愿意挽留蔡元培，北京各校就与北大联合起来，以集体罢课的手段对政府施加压力。北大教师推选李大钊、徐宝璜等人，前往教育部请求挽留蔡元培，如果教育部不答应，那么北大全体教师将集体辞职。同时北大学生还向全国发出通电，请求给予声援。

5 月 10 日，由北京各校组成的代表团，乘火车去天津寻找蔡元培，结果无功而返。但他们并不因此罢休，再将矛头指向政府，不久，北京各专科学校教师联名上书要求政府出面挽留蔡元培，随即教育部也收到了北京中等学校学生的联名请愿信，一致恳求大总统出面挽留蔡元培。徐世昌迫于社会压力，不得不在 5 月 14 日下达命令，恢复蔡元培的北大校长一职，但对学生继续采取强硬态度，还对曹汝霖等官员表示挽留。蔡元培看不惯这样的行径，并且担心政府这样做，不过是引蛇出洞，至于后来是杀是禁，都难以预料。最终，蔡元培为保全自己，以“政府毫无挽留诚意”为由，又从天津转到上海。

这时，北大却迎来了新任命的校长胡仁源。新校长一上任，就意味着蔡元培不可能再回来，这让北大的全体师生都不能接受。于是又一轮“拒绝胡仁源，挽留蔡元培”的运动拉开了序幕，学生们派代表拜访胡仁源的府邸，当面警告他假如赴任，整个北大都将与他过不去。而在北大教员的发动下，社会各界又一次掀起了挽留蔡元培的请愿巨浪。北洋政府为稳定局面，只好撤掉胡仁源的校长职务，同时致电蔡元培，请他快回北京主持北京大学的工作。没想到蔡元培却发出了《不肯再任北大校长的宣言》，弄得政府好不尴尬。

南下杭州恳请蔡元培回校的代表源源不断。昔日的学生蒋梦麟带着孙中山的意见来了，他也认为不仅是北大需要蔡元培，而是整个中国都迫切需要蔡元培这样的教育家。这下，蔡元培突然醒悟过来，他怎么就忘了年轻时代教育救国的梦想了呢，于是他毅然决定重回北大。

9 月 20 日，北京大学一片欢腾，他们终于迎来盼望已久的蔡元培。

然而，有些东西真的回不来了，例如蔡元培最初改革北大的热情，以及对教育救国的希望。经历过五四运动的学生，越来越热衷频频参与运动，而政府则始终认为蔡元培就是背后的推手。

蔡元培听从朋友的劝说，接受了再次担任教育总长的范源濂的安排，率北京教育团赴欧美考察，北大校务全由蒋梦麟代理。

就在从巴黎去日内瓦的路上，蔡元培突然收到紧急电报，这才知道夫人黄仲玉已于1921年1月2日病逝。

考察归来，蔡元培与北京教育界联合发起教育独立运动，在相关报纸、杂志上发表《教育独立议》，向社会呼吁教育独立的必要。

“教育独立”论让北洋政府既愤怒又害怕，多次下批文恐吓教育部，禁止学校发表关于教育独立的言论，并扬言要拿蔡元培问罪。这时又发生了所谓的财政总长罗文干贪污一事，原来，政府已经拖欠北大教师工资很久，罗文干后来拨款给教育部发放了北大教师的薪水，就此遭到政府其他势力的诬陷。这让蔡元培看透了政府的作风，于1923年1月17日提交辞职信，愤然离去发誓再也不回来了，他对中国被这样的政府领导感到非常绝望。

蔡元培在《晨报》上刊登辞去北京大学校长一职的声明后，悄悄从北京去天津。和上次离职一样，北京城又掀起了一场轰轰烈烈的挽留蔡元培的运动，由于遭到军阀政府的残酷镇压，导致北京教育界与政府的矛盾加剧，引来全国学界一片愤怒的谴责声。蔡元培不久在《申报》上发表了《蔡元培之不合作宣言》，一再声明坚决不再与这种腐败政府合作。这次，不管如何挽留，再也唤不回深深失望的蔡元培。

生命余光，主持中央研究院工作

此番离开北大，蔡元培将届六旬，他决定带子女远赴欧洲，专心研究学问。可是，当他从天津南下到上海时，当地名流却关心起蔡元培的婚事来，不断为他介绍对象。夫人黄仲玉逝世后，蔡元培独自当家，既要钻研学问，又要照顾几个孩子，实有焦头烂额之感，于是他再次贴出条件奇特的征婚条件，最终接受了好友徐仲可为他介绍的周养浩。

1923 年 7 月 10 日，蔡元培与周养浩举办了简朴的传统婚礼。婚后十天，蔡元培一家踏上去往欧洲的轮船，最终在比利时首都布鲁塞尔居住下来。他将夫人周养浩和女儿蔡威廉送入国立美术学院，然后一心编著《哲学纲要》。

第二年，蔡元培又携家属移居法国。听说英国准备正式将庚子赔款还给中国，为确定退款用途，打算成立调查委员会，蔡元培立刻前往伦敦拜访牛津大学校长，频繁结交有影响力的议员，借此向英国政府提出个人建议，希望他们派遣教育界名士前往中国调查，同时也可加强两国文化交流。

1928 年，孙中山遗留下的国民党在蒋介石的领导下，形式上统一了全中国。新的国民政府成立后，再次聘请蔡元培担任国立大学院和中央研究院的院长。

因孙中山的渊源，曾发誓与政府势不两立的蔡元培欣然赴任，只手建设一穷二白的中央研究院。在他的协助下，中央研究院一共建成中国地质学研究所、气象研究所、历史语言研究所等九个研究所，还有一个自然博物馆。

蔡元培专心致志地经营着中央研究院，可国内形势变化剧烈。日本侵略中国的步伐日益紧密，国民政府内部却有不少人步步退缩。为此，蔡元培带病参加政府宴会，在酒桌上当着所有客人的面劝汪精卫时，忍不住泪流满面。同时，国民党的专制手段也渐渐显现，肆意捕捉持不同意见的人。蔡元培与宋庆龄组建了中国民权保障同盟，目的是保护国民的人权。

1936 年，蔡元培将 70 岁生日时，教育界的朋友痛心他如此廉洁奉公，到老了还身无定所，蒋梦麟等人发起了筹款为他建屋祝寿的建议，得到了全国数百人的响应。可是，随着“七七事变”爆发，上海沦陷，不但建房之事无法实现，国民党政府也被迫迁往重庆，中央研究院则只能转到云南去。不幸的是，蔡元培在这年冬天患了一场严重的伤寒病，身体状况日益下滑。他一心紧系中央研究院，不愿意随蒋介石去重庆避难，决定从上海乘船去香港，再走水路赶往昆明。到了香港，蔡元培的病情恶化，身体异常虚弱，难以经受路途奔波，只好听从夫人劝说，暂时留在香港养病。

香港房租昂贵，物价高，开销大，一家大小租住在九龙一套狭窄的房子里，生活非常窘迫。蔡元培终日困在闷热潮湿的房间里，担心引人注意，极少出门，只得在家看看报纸。其间，遇到诗人廖平子，赏其才华，叹其穷困，从自己紧巴巴的费用中抽取部分帮助了廖平子好几年。蔡元培是多么爱惜人才，多想前往他日夜惦记的中央研究院，与那些令他欣赏钦佩的人在一起商讨学术问题。他还梦想有机会能建立一所大学，走在世界教育和学术领域的前列，梦想着在中国的大地上，出现一所能与世界顶级大学媲美的至高学府。

然而，这些愿望他再也无法实现了。1940 年 3 月 3 日早晨，蔡元培突然在浴室门边摔倒，吐血昏迷，送到医院已为时过晚，最终于 1940 年 3 月 5 日走到了生命的尽头。

难以置信的是，曾担任过诸多国家要职的蔡元培，竟连医院 1000 多元的医疗费都付不起，收殓棺木费还是王云五带头呼吁，在香港为他筹集的。内地得知蔡元培去世的噩耗后，纷纷举行大会隆重追悼，以各种形式寄托哀思。3 月 10 日，蔡元培的灵柩由原北大学生护送出殡，现场执绋者多达 5000 多人，声势浩大，当天共有 10000 多人参加公祭。香港各大学下半旗表示哀悼，各界媒体在头版头条发文致哀。

遗憾的是，由于战事，蔡元培的灵柩难以运回浙江绍兴故里安葬，其后人只好将灵柩移葬于香港仔华人永远坟场。这位教育家就此久居他乡，与他日思夜想的家园隔河相望。

第五辑　蔡元培著作精选

就任北京大学校长之演说

五年前，严畿道先生为本校校长时，余方服务教育部，开学日曾有所贡献于同校。诸君多自预科毕业而来，想必闻知。士别三日，刮目相见，况时阅数载，诸君较昔当必为长足之进步矣。予今长斯校，请更以三事为诸君告。

一曰抱定宗旨。诸君来此求学，必有一定宗旨，欲求宗旨之正大与否，必先知大学之性质。今人肄业专门学校，学成任事，此固势所必然。而在大学则不然，大学者，研究高深学问者也。外人每指摘本校之腐败，以求学于此者，皆有做官发财思想，故毕业预科者，多入法科，入文科者甚少，入理科者尤少，盖以法科为干禄之终南捷径也。因做官心热，对于教员，则不问其学问之浅深，惟问其官阶之大小。官阶大者，特别欢迎，盖为将来毕业有人提携也。现在我国精于政法者，多入政界，专任教授者甚少，故聘请教员，不得不下聘请兼职之人，亦属不得已之举。究之外人指摘之当否，姑不具论。然弭谤莫如自修，人讥我腐败，而我不腐败，问心无愧，于我何损？果欲达其做官发财之目的，则北京不少专门学校，入法科者尽可肄业法律学堂，入商科者亦可投考商业学校，又何必来此大学？所以诸君须抱定宗旨，为求学而来。入法科者，非为做官；入商科者，非为致富。宗旨既定，自趋正轨。诸君肄业于此，或三年，或四年，时间不为不多，苟能爱惜分明，孜孜求学，则其造诣，容有底止。若徒志在做官发财，宗旨既乖，趋向自异。平时则放荡冶游，考试则熟读讲义，不问学问之有无，惟争分数之多寡；试验既终，书籍束之高阁，毫不过问，敷衍三四年，潦草塞责，文凭到手，即可借此活动于社会，岂非与求学初衷大相背驰乎？光阴虚度，学问毫无，是自误也。且辛亥之役，吾人之所以革命，因清廷官吏之腐败。即在今日，吾人对于当轴多不满意，亦以其道德沦胥。今诸君苟不于此时植其基，勤其学，则将来万一因生计所迫，出而任事，担任讲席，则必贻误学生；置身政界，则必贻误国家，是误人也。误己误人，又岂本心所愿乎？故宗旨不可以不正大。此余所希望于诸君者一也。

二曰砥砺德行。方今风俗日偷，道德沦丧，北京社会尤为恶劣，败德毁行之事，触目皆是，非根基深固，鲜不为流俗所染。诸君肄业大学，当能束身自爱。然国家之兴替，视风俗之厚薄。流俗如此，前途何堪设想。故必有卓绝之士，以身作则，力矫颓俗。诸君为大学学生，地位甚高，肩此重任，责无旁贷。故诸君不惟思所以感已，更必有以励人。苟德之不修，学之不讲，同乎流俗，合乎污世，己且为人轻侮，更何足以感人？然诸君终日伏首案前，芸芸攻苦，毫无娱乐之事，必感身体上之苦痛。为诸君计，莫如以正当之娱乐，易不正当之娱乐，庶于道德无亏，而于身体有益。诸君入分科时，曾填写愿书，遵守本校规则，苟中道而违之，岂非与原始之意相反乎？故品行不可以不谨严。此余所希望于诸君者二也。

三曰敬爱师友。教员之教授，职员之任务，皆以图诸君求学便利，诸君能无动于衷乎？自应以诚相待，敬礼有加。至于同学共处一堂，尤应互相亲爱，庶可收切磋之效。不惟开诚布公，更宜道义相勖，盖同处此校，毁誉共之。同学中苟道德有亏，行有不正，为社会所訾詈，已虽规行矩步，亦莫能辩，此所以必互相劝勉也。余在德国，每至店肆购买物品，店主殷勤款待，付价接物，互相称谢。此虽小节，然亦交际所必需，常人如此，况堂堂大学生乎？对于师友之敬爱，此余所希望于诸君者三也。

余到校视事仅数日，校事多未详悉，兹所计划者二事：一曰改良讲义。诸君既研究高深学问，自与中学、高等不同，不惟恃教员讲授，尤赖一己潜修。以后所印讲义，只列纲要，细微末节，以及精旨奥义，或讲师口授，或自行参考，以期学有心得，能裨实用。二曰添购书籍。本校图书馆书籍虽多，新出者甚少，苟不广为购办，必不足供学生之参考。刻拟筹集款项，多购新书，将来典籍满架，自可旁稽博采，无虞缺乏矣。今日所与诸君陈说者只此，以后会晤日长，随时再为商榷可也。

不肯再任北大校长的宣言

（一）我绝对不能再做那政府任命的校长：为了北京大学校长是简任职，是半官僚性质，便生出那许多官僚的关系，那里用呈，那里用咨，天天有一大堆无聊的照例的公牍。要是稍微破点例，就要呈请教育部，候他批准。什么大学文、理科叫作本科的问题，文、理合办的问题，选科制的问题，甚至小到法科暂省学长的问题，附设中学的问题，都要经那拘文牵义的部员来斟酌。甚而部里还常常派了什么一知半解的部员来视察，他报告了，还要发几个训令来训饬几句。我是个痛恶官僚的人，能甘心仰这些官僚的鼻息么？我将进北京大学的时候，没有想到这一层，所以两年有半，天天受这个苦痛。现在苦痛受足了，好容易脱离了，难道还肯投入去么？

（二）我绝对不能再做不自由的大学校长：思想自由，是世界大学的通例。德意志帝政时代，是世界著名开明专制的国，他的大学何等自由。那美、法等国，更不必说了。北京大学，向来受旧思想的拘束，是很不自由的。我进去了，想稍稍开点风气，请了几个比较的有点新思想的人，提倡点新的学理，发布点新的印刷品，用世界的新思想来比较，用我的理想来批评，还算是半新的。在新的一方面偶有点儿沾沾自喜的，我还觉得好笑。哪知道旧的一方面，看了这点半新的，就算“洪水猛兽”一样了。又不能用正当的辩论法来辩论，鬼鬼祟祟，想借着强权来干涉。于是教育部来干涉了，国务院来干涉了，甚而什么参议院也来干涉了，世界哪有这种不自由的大学么？还要我去充这种大学的校长么？

（三）我绝对不能再到北京的学校任校长：北京是个臭虫窠（这是民国元年袁项城所送的徽号，所以他那时候虽不肯到南京去，却有移政府到南苑去的计划）。无论何等高尚的人物，无论何等高尚的事业，一到北京，便都染了点臭虫的气味。我已经染了两年有半了，好容易逃到故乡的西湖、鉴湖，把那个臭气味淘洗净了。难道还要我再做逐臭之夫，再去尝尝这气味么？我想有人见了我这一段的话，一定要把“我不入地狱，谁入地狱”的话来劝勉我。但是我现在实在没有到佛说这句话的时候的程度，所以只好谨谢不敏了。

我在北京大学的经历

北京大学的名称，是从民国元年起的。民元以前，名为京师大学堂，包有师范馆仕学馆等，而译学馆亦为其一部。我在民元前六年，曾任译学馆教员，讲授国文及西洋史，是为我北大服务之第一次。

民国元年，我长教育部，对于大学有特别注意的几点：一、大学设法商等科的，必设文科；设医农工等科的，必设理科。二、大学应设大学院（即今研究院）为教授、留校的毕业生与高级学生研究的机关。三、暂定国立大学五所，于北京大学外，再筹办大学各一所于南京、汉口、四川、广州等处。（尔时想不到后来各省均有办大学的能力。）四、因各省的高等学堂，本仿日本制，为大学预备科，但程度不齐，于入大学时发生困难，乃废止高等学堂，于大学中设预科。（此点后来为胡适之先生等所非难，因各省既不设高等学堂，就没有一个荟萃较高学者的机关，文化不免落后；但自各省竞设大学后，就不必顾虑了。）

是年，政府任严幼陵君为北京大学校长。两年后，严君辞职，改任马相伯君。不久，马君又辞，改任何锡侯君；不久又辞，乃以工科学长胡次珊君代理。民国五年冬，我在法国，按教育部电，促回国任北大校长。我回来，初到上海，友人中劝不必就职的颇多，说北大太腐败，进去了，若不能整顿，反于自己的声名有碍。这当然是出于爱我的意思。但也有少数的说，既然知道他腐败，更应进去整顿，就是失败，也算尽了心。这也是爱人以德的说法。我到底服从后说，进北京。

我到京后，先访医专校长汤尔和君，问北大情形。他说："文科预科的情形，可问沈尹默君；理工科的情形，可问夏浮筠君。"汤君又说："文科学长如未定，可请陈仲甫君；陈君现改名独秀，主编《新青年》杂志，确可为青年的指导者。"因取《新青年》十余本示我。我对于陈君，本来有一种不忘的印象，就是我与刘申叔君同在《警钟日报》服务时，刘君语我："有一种在芜湖发行之白话报，发起的若干人，都因困苦及危险而散去了，陈仲甫一个人又支持了好几个月。"现在听汤君的话，又翻阅了《新青年》，决意聘他。从汤君处探知陈君寓在前门外一旅馆，我即往访，与之订定。于是陈君来北大任文科学长，而夏君原任理科学长，沈君亦原任教授，一仍旧贯。乃相与商定整顿北大的办法，次第执行。

我们第一要改革的，是学生的观念。我在译学馆的时候，就知道北京学生的习惯。他们平日对于学问上并没有什么兴会，只要年限满后，可以得到一张毕业文凭。教员是自己不用功的，把第一次的讲义，照样印出来，按期分散给学生，在讲坛上读一遍，学生觉得没有趣味，或瞌睡，或看看杂书，下课时，把讲义带回去，堆在书架上。等到学期、学年或毕业的考试，教员认真的，学生就拼命地连夜阅读讲义，只要把考试对付过去，就永远不再去翻一翻了。要是教员通融一点，学生就先期要求教员告知他要出的题目，至少要求表示一个出题目的范围，教员为避免学生的怀恨与顾全自身的体面起见，往往把题目或范围告知他们了。于是他们不用功的习惯，得了一种保障了。尤其北京大学的学生，是从京师大学堂"老爷"式学生嬗继下来。（初办时所收学生，都是京官，所以学生都被称为老爷，而监督及教员都被称为中堂或大人。）他们的目的，不但在毕业，而尤注重在毕业以后的出路。所以专门研究学术的教员，他们不见得欢迎；要是点名时认真一点，考试时严格一点，他们就借个话头反对他，虽罢课也所不惜。若是一位在政府有地位的人来兼课，虽时时请假，他们还是欢迎得很；因为毕业后可以有阔老师做靠山。这种科举时代遗留下来劣根性，是于求学上很有妨碍的。所以我到校后第一次演说，就说明"大学学生，当以研究学术为天职，不当以大学为升官发财之阶梯"。然而要打破这些习惯，止有从聘请积学而热心的教员着手。

那时候因《新青年》上文学革命的鼓吹，而我们认识留美的胡适之君，他回国后，即请到北大任教授。胡君真是“旧学邃密”而且“新知深沉”的一个人，所以一方面与沈尹默、兼士兄弟，钱玄同，马幼渔，刘半农诸君以新方法整理国故，一方面整理英文系。因胡君之介绍而请到的好教员，颇不少。

我素信学术上的派别，是相对的，不是绝对的。所以每一种学科的教员，即使主张不同，若都是“言之成理、持之有故”的，就让他们并存，令学生有自由选择的余地。最明白的，是胡适之君与钱玄同君等绝对的提倡白话文学，而刘申叔、黄季刚诸君仍极端维护文言的文学；那时候就让他们并存。我信为应用起见，白话文必要盛行，我也常常作白话文，也替白话文鼓吹。然而我也声明：作美术文，用白话也好，用文言也好。例如我们写字，为应用起见，自然要写行楷，若如江良庭君的用篆隶写药方，当然不可；若是为人写斗方或屏联，做装饰品，即写篆隶章草，有何不可？

那时候各科都有几个外国教员，都是托中国驻外使馆或外国驻华使馆介绍的，学问未必都好，而来校既久，看了中国教员的阑珊，也跟了阑珊起来。我们斟酌了一番，辞退几人，都按着合同上的条件办的。有一法国教员要控告我，有一英国教习竟要求英国驻华公使朱尔典来同我谈判，我不答应。朱尔典出去后，说“蔡元培是不要再做校长的了”，我也一笑置之。

我从前在教育部时，为了各省高等学堂程度不齐，故改为各大学直接的预科；不意北大的预科，因历年校长的放任与预科学长的误会，竟演成独立的状态。那时候预科中受了教会学校的影响，完全偏重英语及体育两方面；其他科学比较的落后；毕业后若直升本科，发生困难。预科中竟自设了一个预科大学的名义，信笺上亦写此等字样。于是不能不加以改革，使预科直接受本科学长的管理，不再设预科学长。预科中主要的教课，均由本科教员兼任。

我没有本校与他校的界限，常为之通盘打算，求其合理化。是时北大设文、理、工、法、商五科，而北洋大学亦有工、法两科；北京又有一工业专门学校，都是国立的。我以为无此重复的必要，主张以北大的工科并入北洋，而北洋之法科，刻期停办。得北洋大学校长同意及教育部核准，把土木工与矿冶工并到北洋去了。把工科省下来的经费，用在理科上。我本来想把法科与法专并成一科，专授法律，但是没有成功。我觉得那时候的商科，毫无设备，仅有一种普通商业学教课，于是并入法科，使已有的学生毕业后停止。

我那时候有一个理想，以为文理两科，是农、工、医、药、法、商等应用科学的基础，而这些应用科学的研究时期，仍然要归到文理两科来。所以文理两科，必须设各种的研究所；而此两科的教员与毕业生必有若干人是终生在研究所工作，兼任教员，而不愿往别种机关去的。所以完全的大学，当然各科并设，有互相关联的便利。若无此能力，则不妨有一大学专办文理两科，名为本科，而其他应用各科，可办专科的高等学校，如德法等国的成例，以表示学与术的区别。因为北大的校舍与经费，决没有兼办各种应用科学的可能，所以想把法律分出去，而编为本科大学，然没有达到目的。

那时候我又有一个理想，以为文理是不能分科的。例如文科的哲学，必植基于自然科学；而理科学者最后的假定，亦往往牵涉哲学。从前心理学附入哲学，而现在用实验法，应列入理科；教育学与美学，也渐用实验法，有同一趋势。地理学的人文方面，应属文科，而地质地文等方面属理科。历史学自有史以来，属文科，而推原于地质学的冰期与宇宙生成论，则属于理科。所以把北大的三科界限撤去而列为十四系，废学长，设系主任。

我素来不赞成董仲舒罢黜百家独尊孔氏的主张。清代教育宗旨有“尊孔”一款，已于民元在教育部宣布教育方针时说它不合用了。到北大后，凡是主张文学革命的人，没有不同时主张思想自由的，因而为外间守旧者所反对。适有赵体孟君以编印明遗老刘应秋先生遗集，贻我一函，屡约梁任公、章太炎、林琴南诸君品题；我为分别发函后，林君复函，列举彼对于北大怀疑诸点，我复一函，与他辩。这两函颇可窥见那时候两种不同的见解，所以抄在下面：

……

这两函虽仅为文化一方面之攻击与辩护，然北大已成为众矢之的，是无可疑了。越四十余日，而有五四运动。我对于学生运动，素有一种成见，以为学生在学校里面，应以求学为最大目的，不应有何等政治的组织。其有年在二十岁以上，对于政治有特殊兴趣者，可以个人资格参加政治团体，不必牵涉学校。所以民国七年夏间，北京各校学生，曾为外交问题，结队游行，向总统府请愿。当北大学生出发时，我曾力阻他们，他们一定要参与，我因此引咎辞职，经慰留而罢。到八年五月四日，学生又有不签字于巴黎和约与罢免亲日派曹、陆、章的主张，仍以结队游行为表示，我也就不去阻止他们了。他们因愤激的缘故，遂有焚曹汝霖住宅及攒殴章宗祥的事，学生被警厅逮捕者数十人，各校皆有，而北大学生居多数；我与各专门学校的校长向警厅力保，始释放。但被拘的虽已保释，而学生尚抱再接再厉的决心，政府亦且持不做不休的态度。都中宣传政府将明令免我职而以马其昶君任北大校长，我恐若因此增加学生对于政府的纠纷，我个人且将有运动学生保持地位的嫌疑，不可以不速去。乃一面呈政府，引咎辞职；一面秘密出京，时为五月九日。

那时候学生仍每日分队出去演讲，政府逐队逮捕，因人数太多，就把学生都监禁在北大第三院。北京学生受了这样大的压迫，于是引起全国学生的罢课，而且引起各大都会工商界的同情与公愤，将以罢工罢市为同样之要求。政府知势不可侮，乃释放被逮诸生，决定不签和约，罢免曹、陆、章，于是五四运动之目的完全达到了。

五四运动之目的既达，北京各校的秩序均恢复，独北大因校长辞职问题，又起了多少纠纷。政府曾一度任命胡次珊君继任，而为学生所反对，不能到校；各方面都要我复职。我离校时本预定决不回去；不但为校务的困难，实因校务以外，常常有许多不相干的缠绕，度一种劳而无功的生活，所以启事上有“杀君马者道旁儿；民亦劳止，汔可小休；我欲小休矣”等语。但是隔了几个月，校中的纠纷，仍在非我回校不能解决的状态中，我不得已，乃允回校。回校以前，先发表一文，告北京大学学生及全国学生联合会，告以学生救国，重在专研学术，不可常为救国运动而牺牲。到校后，在全体学生欢迎会演说，说明德国大学学长、校长均每年一换，由教授会公举；校长且由神学、医学、法学、哲学四科之教授轮值，从未生过纠纷，完全是教授治校的成绩。北大此后亦当组成健全的教授会，使学校决不因校长一人的去留而起恐慌。

那时候蒋梦麟君已允来北大共事，请他通盘计划，设立教务总务两处；及聘任财务等委员会，均以教授为委员。请蒋君任总务长，而顾孟余君任教务长。

北大关于文学哲学等学系，本来有若干基本教员，自从胡适之君到校后，声应气求，又引进了多数的同志，所以兴会较高一点。预定的自然科学、社会科学、文学、国学四种研究所，止有国学研究所先办起来了。在自然科学与社会科学方面，比较的困难一点。自民国九年起，自然科学诸系，请到了丁巽甫、颜任光、李润章诸君主持物理系，李仲揆君主持地质系；在化学系本有王抚五、陈聘丞、丁庶为诸君，而这时候又增聘程寰西、石蘅青诸君；在生物学系本已有钟宪鬯君在东南西南各省搜罗动植物标本，有李石曾君讲授学理，而这时候又增聘谭仲逵君。于是整理各系的实验室与图书室，使学生在教员指导之下，切实用功；改造第二院礼堂与庭园，使合于讲演之用。在社会科学方面，请到王雪艇、周鲠生、皮皓白诸君；一面诚意指导提起学生好学的精神，一面广购图书杂志，给学生以自由考索的工具。丁巽甫君以物理学教授兼预科主任，提高预科程度。于是北大始达到各系平均发展的境界。

我是素来主张男女平等的。九年，有女学生要求进校，以考期已过，姑录为旁听生。及暑假招考，就正式招收女生。有人问我："兼收女生是新法，为什么不先请教育部核准?"我说："教育部的大学令，并没有专收男生的规定。从前女生不来要求，所以没有女生；现在女生来要求，而程度又够得上，大学就没有拒绝的理。"这是男女同校的开始，后来各大学都兼收女生了。

我是佩服章实斋先生的。那时候国史馆附设在北大，我定了一个计划，分征集纂辑两股；纂辑股又分通史、民国史两类；均从长编入手。并编历史辞典。聘屠敬山、张蔚西、薛阆仙、童亦韩、徐贻孙诸君分任征集编纂等务。后来政府忽又有国史馆独立一案，别行组织。于是张君所编的民国史，薛、童、徐诸君所编的辞典，均因篇帙无多，视同废纸；止有屠君在馆中仍编他的蒙兀儿史，躬自保存，没有散失。

我本来很注意于美育的，北大有美学及美术史教课，除中国美术史由叶浩吾君讲授外，没有人肯讲美学。十年，我讲了十余次，因足疾进医院停止。至于美育的设备，曾设书法研究会，请沈尹默、马叔平诸君主持。设画书研究会，请贺履之、汤定之诸君教授国画；比国楷次君教授油画。设音乐研究会，请萧友梅君主持。均听学生自由选习。

我在爱国学社时，曾断发而习兵操，对于北大学生之愿受军事训练的，常特别助成。曾集这些学生，编成学生军，聘白雄远君任教练之责，亦请蒋百里、黄膺伯诸君到场演讲。白君勤恳而有恒，历十年如一日，实为难得的军人。

我在九年的冬季，曾往欧美考察高等教育状况，历一年回来。这期间的校长任务，是由总务长蒋君代理的。回国以后，看北京政府的情形，日坏一日，我处在与政府常有接触的地位，日想脱离。十一年冬，财政总长罗钧任君忽以金佛郎问题被逮，释放后，又因教育总长彭允彝君提议，重复收禁。我对于彭君此举，在公议上，认为是蹂躏人权献媚军阀的勾当；在私情上，罗君是我在北大的同事，而且于考察教育时为最密切的同伴，他的操守，为我所深信，我不免大抱不平。与汤尔和、邵飘萍、蒋梦麟诸君会商，均认有表示的必要。我于是一面递辞呈，一面离京。隔了几个月，贿选总统的布置，渐渐的实现，而要求我回校的代表，还是不绝，我遂于十二年七月间重往欧洲，表示决心；至十五年，始回国。那时候，京津间适有战争，不能回校一看。十六年，国民政府成立，我在大学院，试行大学区制，以北大划入北平大学区范围，于是我的北京大学校长的名义，始得取消。

综计我居北京大学校长的名义，十年有半；而实际在校办事，不过五年有半，一经回忆，不胜惭悚。

对于新教育之意见

近日在教育部与诸同人新草学校法令，以为征集高等教育会议之预备，颇承同志饷以谠论。顾关于教育方针者殊寡，辄先述鄙见以为喤引，幸海内教育家是正之。

教育有二大别：曰隶属于政治者，曰超轶乎政治者。专制时代（兼立宪而含专制性质者言之），教育家循政府之方针以标准教育，常为纯粹之隶属政治者。共和时代，教育家得立于人民之地位以定标准，乃得有超轶政治之教育。清之季世，隶属政治之教育，腾于教育家之口者，曰军国民教育。夫军国民教育者，与社会主义僢驰，在他国已有道消之兆。然在我国，则强邻交逼，亟图自卫，而历年丧失之国权，非凭借武力，势难恢复。且军人革命以后，难保无军人执政之一时期，非行举国皆兵之制，将使军人社会永为全国中特别之阶级，而无以平均其势力。则如所谓军人国民教育者，诚今日所不能不采者也。

虽然，今之世界，所恃以竞争者，不仅在武力，而尤在财力。且武力之半，亦由财力而孳乳。于是有第二之隶属政治者，曰实利主义之教育，以人民生计为普通教育之中坚。其主张最力者，至以普通学术，悉寓于树艺、烹饪、裁缝及金、木、土工之中。此其说创于美洲，而近亦盛行于欧陆。我国地宝不发，实业界之组织尚幼稚，人民失业者至多，而国甚贫。实利主义之教育，固亦当务之急者也。

是二者，所谓强兵富国之主义也。顾兵可强也，然或溢而为私斗，为侵略，则奈何？国可富也，然或不免知欺愚，强欺弱，而演贫富悬绝，资本家与劳动家血战之惨剧，则奈何？曰教之以公民道德。何谓公民道德？曰法兰西之革命也，所标揭者，曰自由、平等、亲爱。道德之要旨，尽于是矣。孔子曰：匹夫不可夺志。孟子曰：大丈夫者，富贵不能淫，贫贱不能移，威武不能屈。自由之谓也。古者盖谓之义。孔子曰：己所不欲，勿施于人。子贡曰：我不欲人之加诸我也，吾亦欲毋加诸人。《礼记·大学》曰：所恶于前，毋以先后；所恶于后，毋以从前；所恶于右，毋以交于左；所恶于左，毋以交于右，平等之谓也。古者盖谓之恕。自由者，就主观而言之也。然我欲自由，则亦当尊人之自由，故通于客观。平等者，就客观而言之也。然我不以不平等遇人，则亦不容人之以不平等遇我，故通于主观。二者相对而实相成，要皆由消极一方面言之。苟不进之以积极之道德，则夫吾同胞中，固有因生禀之不齐，境遇之所迫，企自由而不遂，求与人平等而不能者。将一切恝置之，而所谓自由若平等之量，仍不能无缺陷。孟子曰：鳏寡孤独，天下之穷民而无告者也。张子曰：凡天下疲癃残疾、茕独鳏寡，皆吾兄弟之颠连而无告者也。禹思天下有溺者，由己溺之。稷思天下有饥者，由己饥之。伊尹思天下之人，匹夫匹妇有不与被尧舜之泽者，若己推而纳之沟中。孔子曰：己欲立而立人，己欲达而达人。亲爱之谓也。古者盖谓之仁。三者诚一切道德之根源，而公民道德教育之所有事者也。

教育而至于公民道德，宜若可为最终之鹄的矣。曰未也。公民道德之教育，犹未能超轶乎政治者也。世所谓最良政治者，不外乎以最大多数之最大幸福为鹄的。最大多数者，积最少数之一人而成者也。一人之幸福，丰衣足食也，无灾无害也，不外乎现世之幸福。积一人幸福而为最大多数，其鹄的犹是。立法部之所评议，行政部之所执行，司法部之所保护，如是而已矣。即进而达《礼运》之所谓大道为公，社会主义家所谓未来之黄金时代，人各尽所能，而各得其所需要，要亦不外乎现世之幸福。盖政治之鹄的，如是而已矣。一切隶属政治之教育，充其量亦如是而已矣。

虽然，人不能有生而无死。现世之幸福，临死而消灭。人而仅仅以临死消灭之幸福为鹄的，则所谓人生者有何等价值乎？国不能有存而无亡，世界不能有成而无毁，全国之民，全世界之人类，世世相传，以此不能不消灭之幸福为鹄的，则所谓国民若人类者，有何等价值乎？且如是，则就一人而言之，杀身成仁也，舍生取义也，舍己而为群也，有何等意义乎？就一社会而言之，与我以自由乎，否则与我以死，争一民族之自由，不至沥全民族最后之一滴血不已，不至全国为一大塚不已，有何等意义乎？且人既无一死生、破利害之观念，则必无冒险之精神，无远大之计划；见小利，急近功，则又能保其不为失节堕行、身败名裂之人乎？谚曰：当局者迷，旁观者清。非有出世间之思想者，不能善处世间事，吾人即仅仅以现世幸福为鹄的，犹不可无超轶现世之观念，况鹄的不止于此者乎？

以现世幸福为鹄的者，政治家也；教育家则否。盖世界有二方面，如一纸之有表里：一为现象，一为实体。现象世界之事为政治，故以造成现世幸福为鹄的；实体世界之事为宗教，故以摆脱现世幸福为作用。而教育者，则立于现象世界，而有事于实体世界者也。故以实体世界之观念为其究竟之大目的，而以现象世界之幸福为其达于实体观念之作用。

然则现象世界与实体世界之区别何在耶？曰：前者相对，而后者绝对；前者范围于因果律，而后者超轶乎因果律；前者与空间时间有不可离之关系，而后者无空间时间之可言；前者可以经验，而后者全恃直观。故实体世界者，不可名言者也。然而既以是为观念之一种矣，则不得不强为之名，是以或谓之道，可谓之太极，或谓之神，或谓之黑暗之意识，或谓之无识之意志。其名可以万殊，而观念则一。虽哲学之流派不同，宗教家之仪式不同，而其所到达之最高观念皆如是。（最浅薄之唯物论哲学，及最幼稚之宗教祈长生求福利者，不在此例。）

然则，教育家何以不结合于宗教，而必以现象世界之幸福为作用？曰：世固有厌世派之宗教若哲学，以提撕实体世界观念之故，而排斥现象世界。因以现象世界之文明为罪恶之源，而一切排斥之者。吾以为不然。现象实体，仅一世界之两方面，非截然为互相冲突之两世界。吾人之感觉，既托于现象世界，则所谓实体者，即在现象之中，而非必灭乙而后生甲。其现象世界间所以为实体世界之障碍者，不外二种意识：一、人我之差别，二、幸福之营求是也。人以自卫力不平等而生强弱，人以自存力不平等而生贫富。有强弱贫富，而彼我差别之意识起。弱者贫者，苦于幸福之不足，而营求之意识起。有人我，则于现象中有种种之界画，而与实体违。有营求则当其未遂，为无已之苦痛。及其既遂，为过量之要索。循环于现象之中，而与实体隔。能剂其平，则肉体之享受，纯任自然，而意识界之营求泯，人我之见亦化。合现象世界各别之意识为浑同，而得与实体吻合焉。故现世幸福，为不幸福之人类到达于实体世界之一种作用，盖无可疑者。军国民、实利两主义，所以补自卫自存之力之不足。道德教育，则所以使之互相卫互相存，皆所以泯营求而忘人我者也。由是而进以提撕实体观念之教育。

提撕实体观念之方法如何？曰：消极方面，使对于现象世界，无厌弃而亦无执著；积极方面，使对于实体世界，非常渴慕而渐进于领悟。循思想自由言论自由之公例，不以一流派之哲学一宗门之教义梏其心，而惟时时悬一无方体无始终之世界观以为鹄。如是之教育，吾无以名之，名之曰世界观教育。

虽然，世界观教育，非可以旦旦而聒之也；且其与现象世界之关系，又非可以枯槁单简之言说袭而取之也。然则何道之由？曰美感之教育。美感者，合美丽与尊严而言之，介乎现象世界与实体世界之间，而为津梁。此为康德所创造，而嗣后哲学家未有反对之者也。在现象世界，凡人皆有爱恶惊惧、喜怒悲乐之情，随离合生死、祸福利害之现象而流转。至美术，则即以此等现象为资料，而能使对之者，自美感以外，一无杂念。例如采莲煮豆，饮食之事也，而一入诗歌，则别成兴趣。火山赤舌，大风破舟，可骇可怖之景也，而一入图画，则转堪展玩。是则对于现象世界，无厌弃而亦无执著也。人既脱离一切现象世界相对之感情，而为浑然之美感，则即所谓与造物为友，而已接触于实体世界之观念矣。故教育家欲由现象世界而引以到达于实体世界之观念，不可不用美感之教育。

五者，皆今日之教育所不可偏废者也。军国民主义、实利主义、德育主义三者，为隶属于政治之教育。（吾国古代之道德教育，则间有兼涉世界观者，当分别论之。）世界观、美育主义二者，为超轶政治之教育。

以中国古代之教育证之，虞之时，夔典乐而教胄子以九德，德育与美育之教育也。周官以卿三物教万民，六德六行，德育也。六艺之射御，军国民主义也。书数，实利主义也。礼为德育，而乐为美育。以西洋之教育证之，希腊人之教育为体操与美术，即军国民主义与美育也。欧洲近世教育家，如海尔巴脱氏纯持美育主义。今日美洲之杜威派，则纯持实利主义者也。

以心理学各方面衡之，军国民主义毗于意志；实利主义毗于知识；德育兼意志、情感二方面；美育毗于情感；而世界观则统三者而一之。

以教育界之分言三育者衡之。军国民主义为体育；实利主义为智育；公民道德及美育皆毗于德育；而世界观则统三者而一之。

以教育家之方法衡之，军国民主义、世界观、美育，皆为形式主义；实利主义为实质主义；德育则二者兼之。

譬之人身：军国民主义者，筋骨也，用以自卫；实利主义者，胃肠也，用以营养；公民道德者，呼吸机循环机也，周贯全体；美育者，神经系也，所以传导；世界观者，心理作用也，附丽于神经系，而无迹象之可求。此即五者不可偏废之理也。

本此五主义而分配于各教科，则视各教科性质之不同，而各主义所占之分数，亦随之而异。国语国文之形式，其依准文法者属于实利，而依准美词学者属于美感。其内容则军国民主义当占百分之十，实利主义当占其四十，德育当占其二十，美育当占其二十五，而世界观则占其五。

修身，德育也，而以美育及世界观参之。

历史、地理，实利主义也。其所叙述，得并存各主义。历史之英雄、地理之险要及战绩，军国民主义也；记美术家及美术沿革，写各地风景及所出美术品，美育也；记圣贤，述风俗，德育也；因历史之有时期，而推之于无终始，因地理之有涯涘，而推之于无方体，及夫烈士、哲人、宗教家之故事及遗迹，皆可以为世界观之导线也。

算学，实利主义也，而数为纯然抽象者。希腊哲人毕达哥拉士以数为万物之原，是亦世界观之一方面；而几何学各种线体，可以资美育。

物理化学，实利主义也。原子电子，小莫能破，爱耐而几（Energy），范围万有，而莫知其所由来，莫穷其所究竟，皆世界观之导线也；视官听官之所触，可以资美感者尤多。

博物学，在应用一方面，为实利主义；而在观感一方面，多为美感。研究进化之阶段，可以养道德，体验造物之万能，可以导世界观。

图画，美育也。而其内容得包含各种主义：如实物画之于实利主义，历史画之于德育是也。其至美丽、至尊严之对象，则可以得世界观。

唱歌，美育也，而其内容，亦可以包含种种主义。

手工，实利主义也，亦可以兴美感。

游戏，美育也；兵式体操，军国民主义也；普通体操，则兼美育与军国民主义二者。

上之所著，仅具辜较，神而明之，在心知其意者。

清朝时代，有所谓钦定教育宗旨者，曰忠君，曰尊孔，曰尚公，曰尚武，曰尚实。忠君与共和政体不合，尊孔与信教自由相违（孔子之学术，与后世所谓儒教、孔教当分别论之。嗣后教育界何以处孔子，及何以处孔教，当特别讨论之，兹不赘），可以不论。尚武，即军国民主义也。尚实，即实利主义也。尚公，与吾所谓公民道德，其范围或不免有广狭之异，而要为同意。惟世界观及美育，则为彼所不道，而鄙人尤所注意，故特疏通而证明之，以质于当代教育家，幸教育家平心而讨论焉。

普通教育和职业教育（节选）

——在新加坡南洋华侨中学演说词

普通教育和职业教育，显有分别：职业教育好像一所房屋，内分教室、寝室等，有各别的用处；普通教育则像一所房屋的地基，有了地基，便可把楼台亭阁等建筑起来。故职业教育所注重的，是专门的技能或知识，有时研究到极精微处，也许有和日常生活绝不相干的情形。例如研究卫生的，查考起微生虫来，分门别类，精益求精，有一切另外的事都完全不管的态度。这是从事专门学问的特异点。

可是我们要起盖房子时，必得先求地基坚实，若起初不留意，等到高屋将成，才发现地基不稳，才想设法补救，已经来不及了。我刚才讲过普通教育好像房屋的地基一样，所以教育者和被教育者都要特别注意才是。现今欧美各大学中的课程，非常严重，对于各种基本的知识，差不多不很注意了。为什么呢？因为学生在中小学的时代，早已受了很重的训练，把高深学术的基础筑固了，入大学时自然不觉得困难。若在中小学内，并没有建筑好基础，等到自悟不够时，再要补习起来，那就很不容易了。

因此，前年我国审查教育会，把普通教育的宗旨定为：(一) 养成健全的人格，(二) 发展共和的精神。

所谓健全的人格，内分四育，即：(一) 体育，(二) 智育，(三) 德育，(四) 美育。

这四育是一样重要，不可放松一项的。先讲体育。在西洋有一句成语，叫作“健全的精神，宿于健全的身体”，足见体育的不可轻忽。不过体育是要发达学生的身体，振作学生的精神，并不是只在赌赛跑跳或开运动会博得名誉体面上头，其所以要比赛或开运动会，只是要引起研究体育的兴味；因恐平时提不起锻炼身体的精神，故不妨常和人家较量较量。我们比不过人家时，便要在平常用功了。其实体育最要紧的是合于生理。若只求个人的胜利，或一校的名誉，不管生理上有无危险，这不要说于身体上有妨害，且成一种机械的作用，便失却体育的价值了。而且只骛虚名，在心理上亦易受到恶影响。因为常常争赛的结果，可使学生的虚荣心旺盛起来；出去服务社会，一切举动，便也脱不了虚荣心的气味，这是贻害社会不浅的。不过开运动会和竞技等，在平时操练有些呆板乏味时，偶然举行一下，倒很可以调剂机械作用。因变化常态而添出兴趣，是很好的，只要在心理上使学生彻底明白体育的目的，是为锻炼自己的身体，不是在比赛争胜上，要使他们望正鹄做去。

次讲智育。我们教书，并不是像注水入瓶一样，注满了就算完事，最要是引起学生读书的兴味。做教员的，不可一句一句，或一字一字的都讲给学生听。最好使学生自己去研究，教员竟不讲也可以，等到学生实在不能用自己的力量了解功课时，才去帮助他。至于常用口头的讲授，或恐有失落系统的毛病，故定出些书本来，而定书本也要看学生的程度，高下适宜才对。做学生的，也不是天天到校把教科书熟读了，就算完事。要知道书本是不过给我一个例子，我要从具体的东西内抽出公例来，好应用到别处去。譬如从书上学得菊花，看见梅花时，便知也是一种植物；从书上学得道南学校，看见端蒙学校，便也知道是什么处所。若果能像这样的应用，就是不能读熟书本，也可说书上的东西都学得了。

再现在各学校内，每把学生分为班次，要知这是不得已的办法，缘学生的个性不同：有的近文学，有的喜算术等，所以各人于各科进步的快慢，也不能一致，但因经济方面，或其他的关系，一时竟没法子想。然亦总须活用为妙。就是遇有特别的天才的，总宜施以特别的教练。在学生方面，也要自省，我于那几科觉得很困难的，须格外用功些；那几科觉得特别喜欢的，也不妨多学些。总之，教授、求学，两不可呆板便了。

至于德育，并不是照前人预定的格言做去就算数。有些人心目中，以为孔子或孟子所讲的总是不差，照他们圣人的话实行去，便是有道德了。其实这种见解是不对的。什么叫道德？并不是由前人已造成的路走去的意义，乃是在不论何时何地照此做法，大家都能适宜的一种举措标准。是以万事的条件不同，原理则一。譬如人不可只爱自己，于是有些人讲要爱家，这便偏于家庭，或有些人提倡爱群，又偏于群的方面了；可是他的原理，只是爱人一语罢了。故我们要一方考察现时的风俗情形，一方推求出旧道德所以酿成的缘故，拿来比较一下。若是某种旧道德成立的缘故，现在已经没有了，也不妨把他改去，不必去死守他。

我在中学校看见办有图书馆、童子军等，这些事物，于许多人很适宜，于四周办事人亦无妨害，这便不是不道德。总之，道德不是记熟几句格言就可以了事的，要重在实行。随时随地，抱着试验的态度。因为天下没有一劳永逸的事情，若说今天这样，便可永远这样，这是大误。要随时随地，看事势的情形，而改变举措的标准。去批评人家时，也要考察他人所处的环境怎样而下断语才是。

第四美育。从前将美育包在德育里的。为什么审查教育会，要把他分出来呢？因为晚近人士太把美育忽略了。按我国古时的礼乐二艺，有严肃优美的好处。西洋教育，亦很注重美感的。为要特别警醒社会起见，所以把美育特提出来，与体、智、德并为四育。

美育之在普通学校内，为图、工、音乐等课。可是亦须活用，不可成为机械的作用。从前写字的，往往描摹古人的法帖，一点一划，依样画葫芦。还要说这是赵字哪，这是柳字哪，其实已经失却生气，和机器差不多，美在哪里？

图画也是如此。从前学子，往往临摹范本，圆的圆，三角的三角，丝毫不变，这亦不可算美。现在新加坡的天气很好，故到处有自然的美，要找美育的材料，很容易。最好叫学生以己意取材，喜图画的，教他图画；喜雕刻的，就教他雕刻，引起他美的兴趣。不然，学生喜欢的不教，不喜欢的硬叫他去做，要求进步，很难说的。像儿童，本喜自由游戏，有些人却去教他们很繁难的舞蹈；儿童本喜自由嬉唱，现在的学校内，却多照日本式用1234567等，填了谱，不管有无意义，教儿童去唱。这样完全和儿童的天真天籁相反。还有看见西洋教音乐要用风琴的，于是也就买起风琴来，叫小孩子和着唱。实则我们中国也有箫笛等简单的乐器，何尝不可用？必要事事模仿人家，终不免带着机械性质，于美育上，就不可算是真美。

以上四育，都宜时时试验演进，要一无偏枯，才可教练得儿童有健全的人格。

学校教育注重学生健全的人格，故处处要使学生自动。通常学校的教习，每说我要学生圆就圆，要学生方就方，这便大误。最好使学生自学，教者不宜硬以自己的意思压到学生身上。不过看各人的个性，去帮助他们作业罢了。但寻常一级的学生，总有二十人左右。一位教员，断不能知道个个学生的个性；所以在学生方面，也应自觉，教我的先生既不能很知道我，最知我的，便是我自己了。如此，则一切均须自助才好。大概受毕普通教育，至少要获得地平线以上的人格，使四育平均发展。

又我们人类，本是进化的动物，对于现状常觉不满足的。故这里有了小学，渐觉中学的不可少；办了普通教育，又觉职业教育的不可少了。南洋是富于实业的地方，我们华侨初到这里的，大多数从工事入手以创造家业。不过发大财成大功的，都从商务上得来。商业在南洋，的确很当注意的，这里的中学，就应社会的需要，而先办商科。然若进一步去研究，商业的发达，必借原料的充裕，那原料又怎样能充裕呢？不消说，全在农业的精进了。农业更须种种的农具，要求器械的供给，又宜先开矿才行，这又侧重到工艺上头。按我国制造的幼稚，实在不容不从速补救。开了铁矿自己不会炼钢，却将原料卖给别国，岂不可惜？若精了制造术，便不怕原料的一时跌价，因为我们能自己制造应用品出售，也可不吃大亏啦。

照现在的社会看来，商务的发达，可算到极点了，以后能否保持现状，或更有所进步，这都不能有把握。万一退步起来，那么，急须从根本上补救。像研究农业和开工厂等，都足为经商的后盾，使商务的基础十分稳固，便不愁不能发展。故学生中有天性近农近工的，不妨分头去研究，切不可都走一条路。

农、商、工的应用，我们都知道了。但在西洋，这三项都极猛进。而我国自古以农立国，工业一途，亦发达极早。何以到了今日，都远不如他们呢？这便因他们有科学的缘故。一个小孩子知识未足时，往往不知事物的源本。所以若去问小孩子，饭是从哪里来的？他便说“从饭桶里来的”；聪明些的，或能说“从锅子里来的”。都不能说从田里来的。我国的农夫，不能使用新法，且连一亩田能出多少米，养活多少人，都不能计算出来，这岂不是和小孩子差不多么？故现在的学生，对于某种科学有特别的兴味的，大可去专门研究。即如性喜音乐的，将来执业于社会，能调养他人的精神，提高社会的文化，也尽有价值，尽足自立。做教师的，不妨去鼓舞他们，使有成功。总之，受毕普通教育，还要力图上进，不可苟安现状……

教育独立议

教育是帮助被教育的人，给他能发展自己的能力，完成他的人格，于人类文化上能尽一分子的责任；不是把被教育的人，造成一种特别器具，给抱有他种目的的人去应用的。所以，教育事业当完全交与教育家，保有独立的资格，毫不受各派政党或各派教会的影响。

教育是要个性与群性平均发达的。政党是要制造一种特别的群性，抹杀个性。例如，鼓励人民亲善某国，仇视某国；或用甲民族的文化，去同化乙民族。今日的政党，往往有此等政策，若参与教育，便是大害。教育是求远效的，政党的政策是求近功的。中国古书说："一年之计树谷；十年之计树木；百年之计树人。"可见教育的成效，不是一时能达到的。政党不能掌握政权，往往不出数年，便要更迭。若把教育权也交与政党，两党更迭的时候，教育方针也要跟着改变，教育就没有成效了。所以，教育事业不可不超然于各派政党以外。

教育是进步的：凡有学术，总是后胜于前，因为后人凭着前人的成绩，更加一番功夫，自然更进一步。教会是保守的：无论什么样尊重科学，一到《圣经》的成语，便绝对不许批评，便是加了一个限制。教育是公同的：英国的学生，可以读阿拉伯人所作的文学；印度的学生，可以用德国人所造的仪器，都没有什么界限。教会是差别的：基督教与回教不同，回教又与佛教不同。不但这样，基督教里面，天主教与耶稣教又不同。不但这样，耶稣教里面，又有长老会、浸礼会、美以美会……派别的不同。彼此谁真谁伪，永远没有定论，只好让成年的人自由选择，所以各国宪法中，都有"信仰自由"一条。若把教育权交与教会，便恐不能绝对自由。所以，教育事业不可不超然于各派教会以外。

但是，什么样可以实行超然的教育呢？鄙人拟一个办法如下：

分全国为若干大学区，每区立一大学；凡中等以上各种专门学术，都可以设在大学里面，一区以内的中小学校教育，与学校以外的社会教育，如通信教授、演讲团、体育会、图书馆、博物院、音乐、演剧、影戏……与其他成年教育、盲哑教育等等，都由大学办理。

大学的事务，都由大学教授所组织的教育委员会主持。大学校长，也由委员会举出。

由各大学校长，组织高等教育会议，办理各大学区相互关系的事务。

教育部，专办理高等教育会议所议决事务之有关系于中央政府者，及其他全国教育统计与报告等事，不得干涉各大学区事务。教育总长必经高等教育会议承认，不受政党内阁更迭的影响。

大学中不必设神学科，但于哲学科中设宗教史、比较宗教学等。

各学校中，均不得有宣传教义的课程，不得举行祈祷式。以传教为业的人，不必参与教育事业。各区教育经费，都从本区中抽税充用。较为贫乏的区，经高等教育会议议决后，得由中央政府拨国家税补助。

注：分大学区与大学兼办中小学校的事，用法国制。

大学可包括各种专门学术，不必如法、德等国别设高等专门学校，用美国制。

大学兼任社会教育，用美国制。

大学校长，由教授公举，用德国制。

大学不设神学科，学校不得宣传教义与教士不得参与教育，均用法国制。瑞士亦已提议。

抽教育税，用美国制。

大学教育

大学教育者，学生于中学毕业以后，所受更进一级之教育也。其科目为文、理、神学、法、医、药、农、工、商、师范、音乐、美术、陆海军等。前五者自神学以外，为各国大学所公有。惟旧制合文、理为一科，而名为哲学，现今德语诸国，尚仍用之。农、工、商以下各科，多独立而为专门学校，如法国之国立美术专门学校（Ecole Nationale Supérieure des Beaux Arts）之类；抑或谓之高等学校，如德国之理工高等学校（Techniche Hochschnle）之类；或仅称学校，如法国百工学校（Ecole Polytechnique）之类；或单称学院，如法国巴士特学院（L'institut Pasteur）之类。用大学教育之广义，则可以包括之。我国旧仿日本制，于大学以下，有一种专门学校，如农业专门学校、医学专门学校之类。虽程度较低，年限较短，然既为中等学校以上之教育，不妨列诸大学教育之内。惟旧式之高等学校，后改为大学预科，而新制编入高级中学者，则当属于中学之范围，而于大学无关焉。

吾国历史上本有一种大学，通称太学，最早谓之上庠，谓之辟雍，最后谓之国子监。其用意与今之大学相类，有学生，有教官，有学科，有积分之法，有入学资格，有学位，其组织亦颇似今之大学。然最近时期，所谓国子监者，早已有名无实，故吾国今日之大学，乃直取欧洲大学之制而模仿之，并不自古代太学演化而成也。

欧洲大学，在拉丁原名，本为教者与学者之总会（Universitat Magroteorumel Scholarium），其后演而为知识之总汇（Universitat Litterarum），而此后各国大学即取其总义为名。欧洲最早之大学，为十二、十三世纪间在意大利、法兰西、西班牙诸国所设者；十四世纪以后，盛行于德语诸国，即专设神学、法学、医学、哲学四科者是也。其初注重应用，凡以哲学为前三科之预科。及科学与文哲之学各别发展，具有独立资格，遂演化而为文、理两科。然德语诸国，为哲学一科如故也。拿破仑时代，曾以神学、法学、医学为养成教士、法吏、医生之所，因指文理科为养成中学以上教员之所。各国虽不必皆有此种明文，而事实上自然有此趋势。所以各国皆于中学校以外，设师范学校，以养成小学教员；而于大学校外，特设高等师范学校以养成中学教员者，不多见也。法国于革命时，曾解散大学为各科专门学校；但其后又集合之而组为大学，均不设神学科，而可设医科；惟新自德国争回史太师埠之大学，有天主教与耶稣教之神学科各一，为例外耳。法国分全国为十七大学区，大学总长兼该区教育厅长，不特为大学内部之行政长，而一区以内中小学校及其他一切教育行政，皆受其统辖焉。其保留中古时代教者与学者总会之旧制者，为英国之牛津、剑桥两大学。牛津由二十精舍（college）组成，剑桥由十七精舍组成。每一精舍，均为教员与学生共同生活之所。每一教员为若干学生之导师，示以为学生之次第而监督之。学生于求学以外，尤须努力于交际与运动，以为养成绅士资格之训练。

大学教员有教授、额外教授与讲师等，以一定时间，在教室讲授学理。其为实地练习者，有研究所、实验室、病院等。研究所（Seninal 或作 Tuotitut）大抵为文、法等科而设，备有图书及其他必要之参考品。本为高等学生练习课程之机关，故常有一种课程，由教员指定条目，举出参考书，令学生同时研究，而分期报告，以资讨论；抑或指定名著，分段研讨，与讲义相辅而行。而教员与毕业生之有志于研究学术者，亦即在研究所用功。如古物学、历史学、美术史等研究所，间亦附有陈列所，与地质学、生物学等陈列所相等；不但供本校师生之考察，且亦定期公开，以便校外人参观。至于较大之建设，如植物院、动物园、天文台、美术、历史、自然史、民族学等博物院，则恒由国立或市立，而大学师生有特别利用之权。实验室大抵为理科及农、工、医等科而设；然文科之心理学、教育学、美学、言语学等，亦渐渐有实验室之需要。病院为医科而设，一方面为病人施治疗，一方面即为学生实习之所也。此外，则图书馆亦为大学最要之设备。

欧洲各国大学，自牛津、剑桥而外，其中心点皆在智育。对于学生平日之行动，学校不复干涉，亦不为学生设寄宿舍。大学生自经严格的中学教育以后，多能自治，学校不妨放任也。惟中古时代学生组合之遗风，演存于德语诸国者，尚有一种学生会。每一学生会，各有其特别之服装与徽章，遇学校典礼，如开学式、纪念会等，各会之学生盛装驱车，招摇过市，而集于大学之礼堂，参与仪式焉。平日低年级学生有服役于高级生之义务，时时高会豪饮，又相与练习击剑之术。有时甲会与乙会有睚眦之怨，而相约而斗剑，非剺面流血不止。此等私斗之举，为警章所禁；而政府以其尚武爱国之寓意，则故放任之，与牛津、剑桥之注重运动者同意也。然大学人数较多者，一部分学生，或以家贫，不能供入会费用；或以思想自由，不愿做无意识举动，则不入中古式之学生会，而有自由学生之号。所组织者，率为研究学术与服务社会之团体。大学生注重体育，为各国通例。美国大学，且有一部分学生特受军事教育者，不特卫生道德受其影响，而且为他日捍卫国家之准备。吾国各大学，近年于各种体育设备以外，又有学生军之组织，亦有此意也。

大学有给予学位之权。德语诸国，仅有博士一级（Doktor)。学生非研究所得，提出论文，经本科教员认可，而又经过主课一种、副课两种之口试，完全通过者，不能得博士学位，即不能毕业。英语诸国，则有三级：第一学士（Bachelor of Arts）；第二硕士（Master of Arts）；第三博士。法国亦有博士以前学士（la Licence）一级。大学又得以博士名义赠予世界著名学者，或国际上有特别关系之人物。

大学初设，惟有男生。其后虽间收女生，而入学之资格，学位之授予，均有严格制限。偶有特设女子大学者，程度亦较低。近年男女平权之理论逐渐推行，女子求入大学者，人数渐多；于是男女同入大学及同得学位之待遇，遂通行于各国。

大学行政自由之程度，各国不同。法国教育权，集中于政府大学皆国立，校长由政府任命之。英、美各国，大学多私立，经济权操于董事会，校长由董事会延聘之。德国各大学，或国立，或市立，而其行政权集中于大学之评议会；评议会由校长、大学法官、各科学长与一部分教授组成之，校长及学生有评议会选举，一年一任。凡愿任大学教员者，于毕业大学而后得博士学位后，继续研究；提出论文，经专门教授认可后，复在教授会受各有关系学科诸教授之质问，皆通过；又为公开演讲一次，始得为讲师。其后以著作与名誉之增进，值一时机，进而为额外教授，又递进而为教授，纯属大学内部之条件也。

大学以思想自由为原则。在中古时代，大学教科受教会干涉，教员不得以违禁书籍授学生。近代思想自由之公例，既被公认，能完全实现之者，厥惟大学。大学教员所发表之思想，不但不受任何宗教或政党之拘束，亦不受任何著名学者之牵掣。苟其确有所见，而言之成理，则虽在一校中，两相反对之学说，不妨同时并行，而一任学生之比较而选择，此大学之所以为大也。大学自然为教授、学生而设，然演进既深，已成为教员与学生共同研究之机关。所以一种讲义，听者或数百人以至千余人；而别一种讲义听者仅数人。在学术上之价值，初不以是为轩轾也。如讲座及研究所之设备，既已成立，则虽无一学生，而教员自行研究，以其所得，贡献于世界，不必以学生之有无为作辍也。

受大学教育者，亦不必以大学生为限。各国大学均有收旁听生之例，不问预备程度，听其选择自由。又有一种公开讲演，或许校外人与学生同听，或专为校外人而设，务与普通服务之时间不相冲突。此所以谋大学教育之普及也。

文化运动不要忘了美育

现在文化运动，已经由欧美各国传到中国了。解放呵！创造呵！新思潮呵！新生活呵！在各种周报日报上，已经数见不鲜了。但文化不是简单，是复杂的，运动不是空谈，是要实行的。要透彻复杂的真相，应研究科学，要鼓励实行的兴会，应利用美术。科学的教育，在中国可算有萌芽了，美术的教育，除了小学校中机械性的音乐、图画以外，简直可说是没有。

不是用美术的教育，提起一种超越利害的兴趣，融合一种划分人我的偏见，保持一种永久平和的心境，单单凭那个性的冲动，环境的刺激，投入文化运动的潮流，恐不免有下列三种的流弊：（一）看得很明白，责备他人也很周密，但是到了自己实行的机会，给小小的利害绊住，不能不牺牲主义。（二）借了很好的主义作护身符，放纵卑劣的欲望。到劣迹败露了，叫反对党把他的污点影射到神圣主义上，增了发展的阻力。（三）想用简单的方法，短少的时间，达他的极端的主义；经了几次挫折，就觉得没有希望，发起厌世观，甚且自杀。这三种流弊，不是渐渐发现了么？一般自号觉醒的人，还能不注意么？

文化进步的国民，既然实施科学教育，尤要普及美术教育。专门练习的，既有美术学校、音乐学校、美术工艺学校、优伶学校等，大学校又设有文学、美学、美术史、乐理等讲座与研究所。普及社会的，有公开的美术馆或博物院，中间陈列品，或由私人捐赠，或用公款购置，都是非常珍贵的。有临时的展览会，有音乐会，有国立或公立的剧院，或演歌舞剧，或演科白剧，都是由著名的文学家、音乐家编制的。演剧的人多是受过专门教育，有理想有责任心的。市中大道，不但分行植树，并且间以花畦，逐次移植应时的花。几条大道的交叉点，必设广场，有大树，有喷泉，有花坛，有雕刻品。小的市镇，总有一个公园；大都会的公园，不止一处。又保存自然林木，加以点缀，作为最自由的公园。一切公私的建筑、陈列器具、书肆与画肆的印刷品、各方面的广告，都是从美术家的意匠构成。所以不论哪一种人，都时时刻刻有接触美术的机会。我们现在，除文字界稍微有点新机外，别的还有什么？书画是我们的国粹，却是模仿古人的。古人的书画，是有钱的收藏了，作为奢侈品，不是给人人共见的。建筑雕刻，没有人研究。在嚣杂的剧院中，演那简单的音乐、卑鄙的戏曲。在市街上散步，只见飞扬的尘土、横冲直撞的马车，商铺门上贴着无聊的春联，地摊上出售那恶俗的花纸。在这种环境中讨生活，怎么能引起活泼高尚的感情呢？所以我很望致力于文化运动诸君，不要忘了美育。

美育实施的办法

我国初办新式教育的时候，只提出体育、智育、德育三条件，称为三育。十年来，渐渐地提到美育，现在教育界已经公认了。李石岑先生要求我说说“美育实施的方法”，我把我个人的意见写在下面。

照现在教育状况，可分为三个范围：一、家庭教育；二、学校教育；三、社会教育。我们所说的美育，当然也有这三方面。

我们要作彻底的教育，就要着眼最早的一步。虽不能溢出范围，推到优生学，但至少也要从胎教起点。我从不信家庭有完美教育的可能性，照我的理想，要从公立的胎教院与育婴院着手。

公立胎教院是给孕妇住的，要设在风景佳胜的地方，不为都市中混浊的空气、纷扰的习惯所沾染。建筑的形式要匀称，要玲珑，用本地旧派，略参希腊或文艺中兴时代的气味。凡埃及的高压式，峨特的偏激派，都要避去。四面都是庭园，有广场，可以散步，可以作轻便的运动，可以赏月观星。园中杂莳花木，使四时均有雅丽之花叶，可以悦目。选毛羽秀丽、鸣声谐雅的动物，散布花木中间；须避去用索系猴、用笼装鸟的习惯。引水成泉，勿作激流。汇水成池，蓄美观活泼的鱼。室内糊壁的纸、铺地的毡，都要选恬静的颜色、疏秀的花纹。应用与陈列的器具，要轻便雅致，不取笨重或过于琐巧的。一室中要自成系统，不可混乱。陈列雕刻、图画，都取优美一派；应有健全体格的裸体像与裸体画。凡有粗犷、猥亵、悲惨、怪诞等品，即使描写个性，大有价值，这里都不好加入。过度激刺的色彩，也要避去。备阅览的文字，要乐观的，和平的；凡是描写社会黑暗方面、个人神经异常的，要避去。每日可有音乐，选取的标准，与图画一样，激刺太甚的，卑靡的，都不取。总之，各种要孕妇完全在平和活泼的空气里面，才没有不好的影响传到胎儿。这是胎儿的美育。

孕妇产儿以后，就迁到公共育婴院。第一年是母亲自己抚养的；第二、三年，如母亲要去担任他的专业，就可把婴儿交给保姆。育婴院的建筑，与胎教院大略相同，或可联合一处。其中陈列的雕刻图画，可多选裸体的康健儿童，备种种动静的姿势；隔几日，可更换一套。音乐，选简单静细的。院内成人的言语与动作，都要有适当的音调态度，可以作儿童的模范。就是衣饰，也要有一种优美的表示。

在这些公立机关未成立以前，若能在家庭里面，按照上列的条件小心布置，也可承认为家庭美育。

儿童满了三岁，要进幼稚园了。幼稚园是家庭教育与学校教育的过渡机关，那时候儿童的美感，不但被动地领受，并且自动地表示了。舞蹈、唱歌、手工，都是美育的专课。就是教他计算、说话，也要从排列上、音调上迎合他们的美感，不可用枯燥的算法与语法。

儿童满了六岁，就进小学校，此后十一二年，都是普通教育时期，专属美育的课程，是音乐、图画、运动、文学等。到中学时代，他们自主力渐强，表现个性的冲动渐渐发展，选取的文字、美术，可以复杂一点。悲壮、滑稽的著作，都可应用了。

但是美育的范围，并不限于这几个科目，凡是学校所有的课程，都没有与美育无关的。例如数学，仿佛是枯燥不过的了；但是美术上的比例、节奏，全是数的关系，截金术是最显的例。数学的游戏，可以引起滑稽的美感。几何的形式，是图案术所应用的。理化学似乎机械性了；但是声学与音乐，光学与色彩，密切得很。雄强的美，全是力的表示。美学中有“感情移入”论，把美术品形式都用力来说明他。文学、音乐、图画，都有冷热的异感，可以从热学上引起联想。磁电的吸拒，就是人的爱憎。有许多美术工艺，是用电力制成的。化学实验，常见美丽的光焰；元子、电子的排列法，可以助图案的变化。图画所用的颜料，有许多是化学品。星月的光辉，在天文学上不过映照距离的关系，在文学、图画上便有绝大的魔力。矿物的结晶、闪光与显色，在科学上不过自然的结果，在装饰品便作重要的材料。植物的花叶，在科学上不过生殖与呼吸机关，或供分类的便利；动物的毛羽与声音，在科学上作为保护生命的作用，或雌雄淘汰的结果，在美术、文学上都为美观的材料。地理学上云霞风雪的变态，山岳河海的名胜，文学家美学家的遗迹；历史上文学美术的进化，文学家美术家的轶事，也都是美育的资料。

由普通教育转到专门教育，从此关乎美育的学科，都成为单纯的进行了。爱音乐的进音乐学校，爱建筑、雕刻、图画的进美术学校，爱演剧的进戏剧学校，爱文学的进大学文科，爱别种科学的人就进了别的专科了。但是每一个学校的建筑式、陈列品，都要合乎美育的条件。可以时时举行辩论会、音乐会、成绩展览会、各种纪念会等，都可以利用他来行普及的美育。

学生不是常在学校的，又有许多已离学校的人，不能不给他们一种美育的机会；所以又要有社会的美育。

社会美育，从专设的机关起：

（一）美术馆，搜罗各种美术品，分类陈列。于一类中，又可依时代为次。以原本为主，但别处所藏的图画，最著名的，也用名手的摹本。别处所藏的雕刻，也可用摹造品。须有精印的目录，插入最重要品的摄影。每日定时开馆。能不收入门券费最善，必不得已，每星期日或节日必须免费。

（二）美术展览会，须有一定的建筑，每年举行几次，如春季展览、秋季展览等。专征集现代美术家作品，或限于本国，或兼征他国的。所征不胜陈列，组织审查委员选定。陈列品可开明价值，在会中出售。余时亦可开特别展览会，或专陈一家作品，或专陈一派作品。也有借他国美术馆或私人所藏展览的。

（三）音乐会，可设一定会场，定期演奏。在夏季也可在公园、广场中演奏。

（四）剧院，可将歌舞剧、科白剧分设两院，亦可于一院中更番演剧。剧本必须出文学家手笔，演员必须受过专门教育。剧院营业，如不敷开支，应用公款补助。

（五）影戏馆，演片须经审查，凡无聊的滑稽剧，凶险的侦探案，卑猥的恋爱剧都去掉。单演风景片与文学家作品。

（六）历史博物馆，所收藏大半是美术品，可以看出美术进化的痕迹。

（七）古物学陈列所，所收藏的大半是古代的美术品，可以考见美术的起源。

（八）人类学博物馆，所收藏的不全是美术品，或者有很丑恶的，但可以比较各民族的美术，或是性质不同，或是程度不同。无论如何幼稚的民族，总有几种惊人的美术品。又往往不相交通的民族，有同性质的作品。很可以促进美术的进步。

（九）博物学陈列所与植物园、动物园，这固然不专为美育而设，但矿物的标本与动植物的化石，或色彩绚烂，或结构精致，或形状奇伟，很可以引起美感。若种种生活的动植物，值得赏鉴，更不待言了。

在这种特别设备以外，又要有一种普遍的设备，就是地方的美化。若只有特别的设备，平常接触耳目的，还是些卑丑的形状，美育就不完全；所以不可不谋地方的美化。

地方的美化：第一是道路。欧洲都市最广的道路，两旁为人行道，其次公车来往道，又间以种树，艺花，及游人列坐的地方二三列，这自然不能常有的。但每条道路，都要宽平。一地方内各条道路，要有一点匀称的分配。道路交叉的点，必须留一空场，置喷泉、花畦、雕刻品等。

第二是建筑。三间东倒西歪屋，固然起脆薄、贫乏的感想；三四层匣子重叠式的洋房，也可起板滞、粗俗的感想。若把这两者并合在一处，真异常难受了。欧美海滨或山坳的别墅团体，大半是一层楼，适敷小家庭居住，二层的已经很少，再高是没有的。四面都是花园，疏疏落落，分开看各有各的意匠，合起来看，合成一个系统。现在各国都有“花园城”的运动，他们的建筑也大概如此。我们的城市改革很难，组织新村的人，不可不注意呵！

第三是公园。公园有两种：一种是有围墙，有门，如北京中央公园，上海黄浦滩外国公园的样子。里面人工的设备多一点，进去有一点制限。还有一种，是并无严格的范围，以自然美为主，最要的是一大片林木，中开无数通路可以散步。有几大片草地可以运动。有一道河流，或汇成小湖，可以行小舟。建筑品不很多，游人可自由出入。在巴黎、柏林等，地价非常昂贵，但是这一类大公园，都有好几所永远留着。

第四是名胜的布置。瑞士有世界花园的称号，固然是风景很好，也是他们的保护点缀很适宜，交通很便利，所以能吸引游人。美国有好几所国家公园，地面很大，完全由国家保护，不能由私人随意占领，所以能保留他的优点，不受损坏。我们国内，名胜很多，但如黄山等，交通不便，颇难游赏。交通较便的如西湖等，又漫无限制，听无知的人造了许多拙劣的洋房，把自然美缀了许多污点，真是可惜。

第五是古迹的保存。新近的建筑，破坏了很不美观。若是破坏的古迹，转可以引起许多历史上的联想，于不完全中认出美的分子来。所以保存古迹，以不改动他为原则。但有些非加修理不可的，也要不显痕迹，且按着原状的派式，并且留得原状的摄影，记述修理情形同时日，备后人鉴别。

第六是公坟。我们中国人的做坟，可算是混乱极了。贫的是随地权厝，或随地做一个土堆子。富的是为了一个死人，占许多土地。石工墓木，也是千篇一律，一点没有美意。照理智方面观察，人既死了，应交医生解剖，若是于后来生理上病理上可备参考的，不妨保存起来。否则血肉可作肥料，骨骼可供雕刻品，也算得是废物利用了。但是人类行为，还有感情方面的吸力，生人对于死人，决不肯把他哀感所托的尸体，简单地处置了。若是照我们南方各省，满山是坟，不但太不经济，也是破坏自然美的一端。现在不如先仿西洋的办法，他们的公坟有两种：一是土葬的，如上海三马路，北京崇文门，都有西洋的公坟。他是划一块地，用墙围着，布置一点林木。要葬的可以指区购定。墓旁有花草，墓上的石碑有花纹，有铭词，各具意匠，也可窥见一时美术的风尚。还有一种是火葬，他们用很庄严的建筑，安置电力焚尸炉。既焚以后，把骨灰聚起来，装在古雅的瓶里，安置在精美石坊的方孔中。所占的地位，比土葬减少，坟园的布置，也很华美。这些办法都比我们的随地乱葬好，我们不妨先采用。

我说美育，一直从未生以前，说到既死以后，可以休了。中间有错误的、脱漏的，我再修补，尤希望读的人替我纠正。

华工学校讲义（节选）

己所不欲　勿施于人

子贡问于孔子曰："有一言而可以终身行之者乎？"孔子曰："其恕乎：己所不欲，勿施于人。"他日，子贡曰："我不欲人之加诸我也，我亦欲无加诸人。"举孔子所告，而申言之也。西方哲学家之言曰："人各自由，而以他人之自由为界。"其义正同。例如我有思想及言论之自由，不欲受人之干涉也，则我亦勿干涉人之思想及言论；我有保卫身体之自由，不欲受人之毁伤也，则我亦勿毁伤人之身体；我有书信秘密之自由，不欲受人之窥探也，则我亦慎勿窥人之秘密；推而我不欲受人之欺诈也，则我慎勿欺诈人；我不欲受人之侮慢也，则我亦慎勿侮慢人。事无大小，一以贯之。

顾我与人之交际，不但有消极之戒律，而又有积极之行为。使由前者而下一转语曰："以己所欲施于人。"其可乎？曰是不尽然。人之所欲，偶有因遗传及习染之不善，而不轨于正者。使一切施之于人，则抑或无益而有损。例如腐败之官僚，喜受属吏之谄媚也，而因以谄媚于上官，可乎？迷信之乡愚，好听教士之附会也，而因以附会于亲族，可乎？至于人所不欲，虽亦间有谬误，如恶闻、直言之类，然使充不欲勿施之义，不敢以直言进人，可以婉言代之，亦未为害也。

且积极之行为，孔子固亦言之曰："己欲立而立人，己欲达而达人。"立者，立身也；达者，道可行于人也。言所施必以立达为界，言所勿施则以己所不欲概括之，诚终身行之而无弊者矣。

责己重而责人轻

孔子曰："躬自厚而薄责于人，则远怨矣。"韩退之又申明之曰："古之君子，其责己也重以周，其责人也轻以约。重以周，故不怠；轻以约，故人乐为善。"其足以反证此义者，孟子言父子责善之非，而述人子之言曰："夫子教我以正，夫子未出于正也。"原伯及先且居皆以效尤为罪咎。椒举曰："唯无瑕者，可以戮人。"皆言责人而不责己之非也。

准人我平等之义，似乎责己重者，责人亦可以重，责人轻者，责己亦可以轻。例如多闻见者笑人固陋，有能力者斥人无用，意以为我既能之，彼何以不能也。又如怙过饰非者，每喜以他人同类之过失以自解，意以为人既为之，我何独不可为也。不知人我固当平等，而既有主观客观之别，则观察之明晦，显有差池，而责备之度亦不能不随之而进退。盖人之行为，常含有多数之原因：如遗传之品性，渐染之习惯，薰受之教育，拘牵之境遇，压迫之外缘，激刺之感情，皆有左右行为之势力。行之也为我，则一切原因，皆反省而可得。即使当局易迷，而事后必能审定。既得其因，则迁善改过之为，在此可以致力：其为前定之品性、习惯，及教育所驯致耶，将何以矫正之；其为境遇、外缘，及感情所逼成耶，将何以调节之。既往不可追，我固自怨自艾，而苟有不得已之故，决不虑我之不肯自谅。其在将来，则操纵之权在我，我何馁焉？至于他人，则其驯致与迫成之因，决非我所能深悉。使我任举推得之一因，而严加责备，宁有当乎？况人人各自有其重责之机会，我又何必越俎而代之？故责己重而责人轻，乃不失平等之真意，否则迹若平而转为不平之尤矣。

勿畏强而侮弱

崧高之诗曰："人亦有言，柔则茹之，刚则吐之。唯仲山甫，柔亦不茹，刚亦不吐，不侮鳏寡，不畏强御。"人类之交际，彼此平等，而古人乃以食物之茹、吐为比例，甚非正当，此仲山甫之所以反之，而自持其不侮弱、不畏强之义务也。

畏强与侮弱，其事虽有施受之殊，其作用亦有消极与积极之别。然无论何一方面，皆蔽于强弱不容平等之谬见。盖我之畏强，以为我弱于彼，不敢与之平等也，则见有弱于我者，自然以彼为不敢与我平等而侮之。又我之侮弱，以为我强于彼，不必与彼平等也，则见有强于我者，自然以彼为不必与我平等而畏之。迹若异而心则同。矫其一，则其他自随之而去矣。

我国壮侠义之行有曰："路见不平，拔刀相助。"言见有以强侮弱之事，则亟助弱者以抗强者也。夫强者尚未浼我，而我且进与之抗，则岂其浼我而转畏之；弱者与我无涉，而我且既而相助，则岂其近我而转侮之？彼拔刀相助之举，虽曰属之侠义，而抱不平之心，则人所皆有。吾人苟能扩充此心，则畏强侮弱之恶念，自无自而萌芽焉。

爱护弱者

前于"勿畏强而侮弱"说，既言抱不平理，此对于强弱有冲突时而言也。实则吾人对于弱者，无论何时，常有恻然不安之感想。盖人类心理，以平为安，见有弱于我者，辄感天然之不平，而欲以人力平之。损有余以益不足，此即爱护弱者之原理也。

在进化较浅之动物，已有实行此事者。例如秘鲁之野羊，结队旅行，遇有猎者，则羊之壮而强者，即停足而当保护之冲，俟全队毕过，而后殿之以行。鼠类或以食物饷其同类之瞽者。印度之小鸟，于其同类之瞽者或受伤者，皆以时赡养之。曾是进化之深如人类，而羊、鼠、小鸟之不如乎？今日普通之人，于舟车登降之际，遇有废疾者，辄为让步，且值其艰于登降而扶持之。坐车中或妇女至而无空座，则起而让之；见其所携之物，有较繁重者，辄为传递而安顿。此皆爱护弱者之一例也。

航行大海之船，猝遇不幸，例必以救生之小舟，先载妇孺。俟有余地，男子始得而占之。其有不明理之男子，敢与妇孺争先者，虽枪毙之，而不为忍。为爱护弱者计，急不暇择故也。

战争之不免杀人，无可如何也。然已降及受伤之士卒，敌国之妇孺，例不得加以残害。德国之飞艇及潜水艇，所加害者众矣；而舆论攻击，尤以其加害于妇孺为口实。亦可以见爱护弱者，为人类之公意焉。

戒失信

失信之别有二：曰食言，曰愆期。

食言之失，有原于变计者。如晋文公伐原，命三日之粮，原不降，命去之。谍出曰："原将降矣。"军吏曰："请待之。"是也。有原于善忘者，如卫献公戒孙文子、宁惠子食，日旰不召，而射鸿于囿，是也。有原于轻诺者，如老子所谓"轻诺必寡信"是也。然晋文公闻军吏之言而答之曰："得原失信，将焉用之？"见变计之不可也。魏文侯与群臣饮酒乐，而天雨，命驾，将适野。左右曰："今日饮酒乐，天又雨，君将安之？"文侯曰："吾与虞人期猎，虽乐，岂可无一会期哉？"乃往，身自罢之，不敢忘约也。楚人谚曰："得黄金百，不如得季布诺。"言季布不轻诺，诺则必践也。

愆期之失，有先期者，有后期者；有待人者，有见待于人者。汉郭伋行部，到西河美稷，有童儿数百，各骑竹马，道次迎拜。及事讫，诸儿复送至郭外，问使君何日当还。伋计日告之。行部既还，先期一日，伋谓违信于诸儿，遂止于野，及期乃入。明不当先期也。汉陈太丘与友期行日中，过中不至。太丘舍去。去后乃至。元方时七岁，戏门外。客问元方："尊君在否？"答曰："待君久不至，已去。"友人便怒曰："非人哉，与人期行，相委而去。"元方曰："君与家君期，日中不至，则是失信。"友人惭。明不可后期也。唐萧至忠少与友期诸路。会雨雪。人引避。至忠曰："岂有与人期，可以失信?"友至，乃去。众叹服。待人不愆期也。吴卓恕为人笃信，言不宿诺，与人期约，虽暴风疾雨冰雪无不至。尝从建业还家，辞诸葛恪。恪问何时当复来。恕对曰："某日当复亲觐。"至是日，恪欲为主人，停不饮食，以须恕至。时宾客会者，皆以为会稽、建业相去千里，道阻江湖，风波难必，岂得如期。恕至，一座皆惊。见待于人而不愆期也。

夫人与人之关系，所以能预计将来，而一一不失其秩序者，恃有约言。约而不践，则秩序为之紊乱，而猜疑之心滋矣。愆期之失，虽若轻于食言，然足以耗光阴而丧信用，亦不可不亟戒之。

戒狎侮

人类本平等也，而或乃自尊而卑人，于是有狎侮。如王曾与杨亿同为侍从。亿善谈谑，凡寮友无所不狎侮，至与曾言，则曰："吾不敢以戏。"非以自曾以外，皆其所卑视故耶？人类有同情也。而或者乃致人于不快以为快，于是狎侮。如王凤使人蒙虎皮，怖其参军陆英俊几死，因大笑为乐是也。夫吾人以一时轻忽之故，而致违平等之义，失同情之真，又岂得不戒之乎？

古人常有因狎侮而得祸者。如许攸恃功骄慢，尝于聚坐中呼曹操小字曰："某甲，卿非吾不得冀州也。"操笑曰："汝言是也。"然内不乐，后竟杀之。又如严武以世旧待杜甫甚厚，亲诣其家，甫见之，或时不中，而性褊躁，常醉登武床，瞪视曰："严挺之乃有此儿。"武衔之。一日欲杀甫，左右白其母，救得止。夫操、武以不堪狎侮而杀人，固为残暴；然许攸、杜甫，独非自取其咎乎？

历史中有以狎侮而启国际间之战争者。春秋时，晋郤克与鲁臧、孙许同时而聘于齐，齐君之母萧同侄子，踊于踣而窥客，则客或跛或眇。于是使跛者迓跛者，眇者迓眇者，肖同侄子笑之，闻于客。二大夫归，相与率师为鞍大战。齐师大败。盖狎侮之祸如此。

其狎侮人而不受何种之恶报者，亦非无之。如唐高固久在散位，数为俦类所轻笑，及被任为邠宁节度使，众多惧。固一释不问。宋孙文懿公，眉州人，少时家贫，欲赴试京师，自诣县判状。尉李昭言戏之曰："似君人物来试京师者有几？"文懿以第三登第，后判审官院。李昭言者，赴调见文懿，恐甚，意其不忘前日之言也。文懿特差昭言知眉州。如斯之类，受狎侮者诚为大度，而施者已不胜其恐惧矣。然则何乐而为之乎？

是故按之理论，验之事实，狎侮之不可不戒也甚明。

戒谤毁

人皆有是非之心：是曰是，非曰非，宜也。人皆有善善恶恶之情：善者善之，恶者恶之，宜也。唯是一事之是非，一人之善恶，其关系至为复杂，吾人一时之判断，常不能据为定评。吾之所评为是、为善，而或未当也，其害尚小。吾之所评为非、为恶，而或不当，则其害甚大。是以吾人之论人也，苟非公益之所关，责任之所在，恒扬其是与善者，而隐其非与恶者。即不能隐，则见为非而非之，见为恶而恶之，其亦可矣。若本无所谓非与恶，而我虚构之，或其非与恶之程度本浅，而我深文周纳之，则谓之谤毁。谤毁者，吾人所当戒也。

吾人试一究谤毁之动机，果何在乎？将忌其人名誉乎？抑以其人之失意为有利于我乎？抑以其人与我有宿怨，而以是中伤之乎？凡若此者，皆问之良心，无一而可者也。

凡毁谤人者，常不能害人，而适以自害。汉中咸毁薛宣不孝，宣子况赇客杨明遮斫咸于宫门外。中丞议不以凡斗论，宜弃市。朝廷直以为遇人，不以义而见疻者，宜与疻人同罪，竟减死。今日文明国法律，或无故而毁人名誉，则被毁者得为赔偿损失之要求，足以证谤毁者之适以自害矣。

古之被谤毁者，亦多持不校之义，所谓止谤莫如自修也。汉班超在西域，卫尉李邑上书，陈西域之功不可成，又盛毁超。章帝怒，切责邑，令诣超受节度。超即遣邑将乌孙侍子还京师。徐干谓超曰："邑前毁君，欲败西域，今何不缘诏书留之，遣他吏送侍子乎?"超曰："以邑毁超，故今遣之。内省不疚。何恤人言?"北齐崔暹言文襄宜亲重邢劭。劭不知，顾时毁暹。文襄不悦，谓暹曰："卿说子才（劭字子才）长，子才专言卿短。此痴人耳。"暹曰："皆是实事。劭不为痴。"皆其例也。虽然，受而不校，固不失为盛德，而自施者一方面观之，不更将无地自容耶？吾人不必问受者之为何如人，而不可不以施为戒。

戒骂詈

吾国人最易犯之过失，其骂詈乎？素不相识之人，于无意之中，偶相触迕，或驱车负担之时，小不经意，彼此相撞，可以互相谢过了之者，辄矢口骂詈，经时不休。又或朋友戚族之间，论事不合，辄以骂詈继之。或斥以畜类，或辱其家族。此北自幽燕，南至吴粤，大略相等者也。

夫均是人也，而忽以畜类相斥，此何义乎？据生物进化史，人类不过哺乳动物之较为进化者，而爬虫实哺乳动物之祖先。故二十八日之人胎，与日数相等之狗胎、龟胎，甚为类似。然则斥以畜类，其程度较低之义耶？而普通之人，所见初不如是。汉刘宽尝坐有客，遣苍头沽酒，迟久之，大醉而还。客不堪之，骂曰："畜产。"宽须臾遣人视奴，疑必自杀，顾左右曰："此人也，骂言畜产，辱孰甚焉，故我惧其死也。"又苻秦时，王堕性刚峻，疾董荣如仇雠，略不与言，尝曰："董龙是何鸡狗者，令国士与之言乎？"（龙为董荣之小字。）荣闻而惭憾，遂劝苻生杀之。及刑，荣谓堕曰："君今复敢数董龙作鸡狗乎。"夫或恐自杀，或且杀人，其激刺之烈如此。而今之人，乃以是相詈，恬不为怪，何欤？

父子兄弟，罪不相及，怒一人而辱及其家族，又何义乎？昔卫孙蒯饮马于重丘，毁其瓶，重丘人诟之曰："尔父为厉。"齐威王之见责于周安王也，詈之曰："咄嗟，尔母婢也。"此古人之诟及父母者也。其加以秽辞者，唯嘲戏则有之。《抱朴子·疾谬篇》曰："嘲戏之谈，或及祖考，下逮妇女。"既斥为谬而疾之。陈灵公与孔宁、仪行父通于夏徵舒之母，饮酒于夏氏。公谓行父曰："徵舒似汝。"对曰："亦似君。"灵公卒以是为徵舒所杀。而今之人乃以是相詈，恬不为怪，何欤？

无他，口耳习熟，则虽至不合理之词，亦复不求其故，而人云亦云，如叹词之暗呜咄咤云耳。《说苑》曰："孔子家儿不知骂，生而善教也。"愿明理之人，注意于陋习而矫正之。

文明与奢侈

读人类进化之历史：昔也穴居而野处，今则有完善之宫室；昔也饮血茹毛，食鸟兽之肉而寝其皮，今则有烹饪、裁缝之术；昔也束薪而为炬，陶土而为灯，而今则行之以煤气及电力；昔也椎轮之车，刳木之舟，为小距离之交通，而今则汽车及汽舟，无远弗届；其他一切应用之物，昔粗而今精，昔简单而今复杂，大都如是。故以今较昔，器物之价值，百倍者有之，千倍者有之，甚而万倍、亿倍者亦有之，一若昔节俭而今奢侈，奢侈之度，随文明而俱进。是以厌疾奢侈者，至于并一切之物质文明而屏弃之，如法之卢梭，俄之托尔斯泰是也。

虽然，文明之与奢侈，固若是其密接而不可离乎？是不然。文明者，利用厚生之普及于人人者也。敷道如砥，夫人而行之；漉水使洁，夫人而饮之；广衢之灯，夫人而利其明；公园之音乐，夫人而聆其音；普及教育，平民大学，夫人而可以受之；藏书楼之书，其数巨万，夫人而可以读之；

博物院之美术品，其值不赀，夫人而可以赏鉴之。夫是以谓之文明。且此等设施，或以卫生，或以益智，或以进德，其所生之效力，有百千万亿于所费者。故所费虽多，而不得以奢侈论。

奢侈者，一人之费，逾于普通人所费之均数，而又不生何等之善果，或转以发生恶影响。如《吕氏春秋》所谓“出则以车，入则以辇，务以自佚，命之曰招蹶之机；肥酒厚肉，务以自疆，命之曰烂肠之食”是也。此等恶习，本酋长时代所遗留。在昔普通生活低度之时，凡所谓峻宇雕墙，玉杯象箸，长夜之饮，游畋之乐，其超越均数之费者何限？普通生活既渐高其度，即有贵族富豪以穷奢极侈著，而其超越均数之度，决不如酋长时代之甚。故知文明益进，则奢侈益杀。谓今日之文明，尚未能剿灭奢侈则可；以奢侈为文明之产物，则大不可也。吾人当详观文明与奢侈之别，尚其前者，而戒其后者，则折衷之道也。

理信与迷信

人之行为，循一定之标准，而不至彼此互相冲突，前后判若两人者，恃乎其有所信。顾信亦有别，曰理信，曰迷信。差以毫厘，失之千里，不可不察也。

种瓜得瓜，种豆得豆，有是因而后有是果，尽人所能信也。昧理之人，于事理之较为复杂者，辄不能了然。于其因果之相关，则妄归其因于不可知之神，而一切倚赖之。其属于幸福者，曰是神之喜而佑我也；其属于不幸福者，曰是神之怒而祸我也。于是求所以喜神而免其怒者，祈祷也，祭告也，忏悔也，立种种事神之仪式，而于其所求之果，渺不相涉也。然而人顾信之，是迷信也。

础润而雨，征诸湿也；履霜坚冰至，验诸寒也；敬人者人恒敬之，爱人者人恒爱之，符诸情也；见是因而知其有是果，亦尽人所能信也。昧理之人，既归其一切之因于神，而神之情不可得而实测也，于是不胜其侥幸之心，而欲得一神人间之媒介，以为窥测之机关，遂有巫觋卜人星士之属，承其乏而自欺以欺人：或托为天使，或夸为先知，或卜以龟蓍，或占诸星象，或说以梦兆，或观其气色，或推其诞生年月日时，或相其先人之坟墓，要皆为种种预言之准备，而于其所求果之真因，又渺不相涉也。然而人顾信之，是亦迷信也。

理信则不然，其所见为因果相关者，常积无数之实验，而归纳以得之，故恒足以破往昔之迷信。例如日食、月食，昔人所谓天之警告也，今则知为月影、地影之偶蔽，而可以预定其再见之时。疫疠，昔人所视为神谴者也，今则知为微生物之传染，而可以预防。人类之所以首出万物者，昔人以为天神创造之时，赋畀独厚也；今则知人类为生物进化中之一级，以其观察自然之能力，同类互助之感情，均视他种生物为进步，故程度特高也。是皆理信之证也。

人能祛迷信而持理信，则可以省无谓之营求及希冀，以专力于有益社会之事业，而日有进步矣。

循理与畏威

人生而有爱己爱他之心象，因发为利己利他之行为。行为之己他两利，或利他而不暇利己者为善。利己之过，而不惜害他人者为恶。此古今中外之所同也。

蒙昧之世，人类心象尚隘，见己而不及见他，因而利己害他之行为，所在多有。有知觉较先者，见其事之有害于人群，而思所以防止之，于是有赏罚：善者赏之，恶者罚之，是法律所托始也。是谓酋长之威。酋长之赏罚，不能公平无私也；而其监视之作用，所以为赏罚标准者，又不能周密而无遗。于是隶属于酋长者，又得趋避之术，而不惮于恶；而酋长之威穷。

有济其穷者曰："人之行为，监视之者，不独酋长也，又有神。吾人即独居一室，而不啻十目所视，十手所指。为善则神赐之福，为恶则神降之罚。神之赏罚，不独于其生前，而又及其死后，善者登天堂，而恶者入地狱。”或又为之说曰：“神之赏罚，不独于其身，而又及其子孙，善者子孙多且贤，而恶者子孙不肖，甚者绝其嗣。”或又为之说曰：“神之赏罚，不唯于其今生也，而又及其来世，善者来世为幸福之人，而恶者则转生为贫苦残废之人，甚者为兽畜。”是皆宗教家之所传说也。是谓神之威。

虽然，神之赏罚，其果如斯响应乎？其未来之苦乐，果足以抑现世之刺冲乎？故有所谓神之威，而人之不能免于恶如故。

且君主也，官吏也，教主也，辄利用酋长之威，及神之威，以强人去善而为恶。其最著者，政治之战、宗教之战是也。于是乎威者不但无成效，而且有流弊。

人智既进，乃有科学。科学者，舍威以求理者也。其理奈何？曰，我之所谓己，人之所谓他也。我之所谓他，人之所谓己也。故观其通，则无所谓己与他，而同谓之人。人之于人，无所不爱，则无所不利。不得已而不能普利，则牺牲其最少数者，以利其最大多数者，初不必问其所牺牲者之为何人也。如是，则为善最乐，又何苦为恶耶？

吾人之所为，既以理为准则，自然无恃乎威，且于流弊滋章之威，务相率而廓清之，以造成自由平等之世界：是则吾人之天责也。

自由与放纵

自由，美德也。若思想，若身体，若言论，若居处，若职业，若集会，无不有一自由之程度。若受外界之压制，而不及其度，则尽力以争之，虽流血亦所不顾，所谓“不自由，毋宁死”是也。然若过于其度，而有愧于己，有害于人，则不复为自由，而谓之放纵。放纵者，自由之敌也。

人之思想不缚于宗教，不牵于俗尚，而一以良心为准。此真自由也。若偶有恶劣之思想，为良心所不许，而我故纵容之，使积渐扩张，而势力遂驾于良心之上，则放纵之思想而已。

饥而食，渴而饮，倦而眠，卫生之自由也。然使饮食不节，兴寐无常，养成不良之习惯，则因放纵而转有害于卫生矣。

喜而歌，悲而哭，感情之自由也。然而里有殡，不巷歌，寡妇不夜哭，不敢放纵也。

言论可以自由也，而或乃讦发阴私，指挥淫盗；居处可以自由也，而或于其间为危险之制造，作长夜之喧嚣；职业可以自由也，而或乃造作伪品，贩卖毒物；集会可以自由也，而或以流布迷信，恣行奸邪。诸如此类，皆逞一方面极端之自由，而不以他人之自由为界，皆放纵之咎也。

昔法国之大革命，争自由也，吾人所崇拜也。然其时如罗伯士比及但丁之流，以过度之激烈，恣杀贵族，酿成恐怖时代，则由放纵而流于残忍矣。近者英国妇女之争选举权，亦争自由也，吾人所不敢非薄也。然其胁迫政府之策，至于烧毁邮件，破坏美术品，则由放纵而流于粗暴矣。夫以自由之美德，而一涉放纵，则且流于粗暴或残忍之行为而不觉。可不慎欤？

互助与依赖

西人之寓言曰："有至不幸之甲、乙二人。甲生而瞽，乙有残疾不能行。二人相依为命：甲负乙而行，而乙则指示其方向，遂得互减其苦状。"甲不能视而乙助之，乙不能行而甲助之，互助之义也。

互助之义如此。甲之义务，即乙之权利，而同时乙之义务，亦即甲之权利：互相消，即互相益也。推之而分工之制，一人之所需，恒出于多数人之所为，而此一人之所为，亦还以供多数人之所需。是亦一种复杂之互助云尔。

若乃不尽义务，而唯攫他人义务之产业为己权利，是谓依赖。

我国旧社会依赖之风最盛。如乞丐，固人人所贱视矣。然而纨绔子弟也，官亲也，帮闲之清客也，各官署之冗员也，凡无所事事而倚人以生活者，何一非乞丐之流亚乎？

《礼·王制》记曰："瘖聋、跛躃、断者、侏儒，各以其器食之。"晋胥臣曰："戚施直镈，蘧篨蒙璆，侏儒扶卢，矇瞍修声，聋聩司火。"废疾之人，且以一艺自赡如此，顾康强无恙，而不以倚赖为耻乎？

往昔慈善家，好赈施贫人。其意甚美，而其事则足以助长依赖之心。今则出资设贫民工艺厂以代之。饥馑之年，以工代赈。监禁之犯，课以工艺，而代蓄赢利，以为出狱后营生之资本。皆所以绝依赖之弊也。

幼稚之年，不能不倚人以生，然苟能勤于学业，则壮岁之所致力，足偿宿负而有余。平日勤工节用，蓄其所余，以备不时之需，则虽衰老疾病之时，其力尚足自给，而不至累人，此又自助之义，不背于互助者也。

有恒与保守

有人于此，初习法语，未几而改习英语，又未几而改习俄语，如是者可以通一国之言语乎？不能也。有人于此，初习木工，未几而改习金工，又未几而改习制革之工，如是而可以成良工乎？不能也。事无大小，器无精粗，欲其得手而应心，必经若干次之练习。苟旋作旋辍，则所习者，旋去而无遗。例如吾人幼稚之时，手口无多能力，积二三年之练习，而后能言语，能把握。况其他学术之较为复杂者乎？故人不可以不有恒。

昔巴律西之制造瓷器也，积十八年之试验而后成。蒲丰之著自然史也，历五十年而后成。布申之习图画也，自十余岁以至于老死。使三子者，不久而迁其业，亦乌足以成名哉。

虽然，三子之不迁其业，非保守而不求进步之谓也。巴氏取土器数百，屡改新窑，屡傅新药，以试验之。三试而栗色之土器皆白，宜以自为告成矣；又复试验八年，而始成佳品。又精绘花卉虫鸟之形于其上，而后见重于时。蒲氏所著，十一易其稿，而后公诸世。布氏初学于其乡之匠工，尽其技，师无以为教；犹不自足，乃赴巴黎，得纵目于美术界之大观；犹不自足，立志赴罗马，以贫故，初至佛棱斯而返，继止于里昂，及第三次之行，始达罗马，得纵观古人名作，习解剖学，以古造象为模范而绘之，假绘术书于朋友而读之，技乃大进。晚年法王召之，供奉于巴黎之画院；未二年，即辞职，复赴罗马。及其老而病也，曰："吾年虽老，吾精进之志乃益奋，吾必使吾技达于最高之一境。"向使巴氏以三试之成绩自画，蒲氏以初稿自画，布氏以乡师之所授、巴黎之所得自画，则其著作之价值，又乌能煊赫如是？是则有恒而又不涉于保守之前例也。无恒者，东驰西骛，而无一定之轨道也。保守者，踯躅于容足之地，而常循其故步者也。有恒者，向一定之鹄的，而又无时不进行者也。此三者之别也。

对于学生的希望

——在湖南长沙的第七次演讲

我于贵省学生界情形不甚熟悉，我所知者为北京学生界情形，各地想也大同小异。今天到此和诸君说话，便以所知之情形，加以推想，贡献诸君。

五四运动以来，全国学生界空气为之一变。许多新现象、新觉悟，都于五四以后发生，举其大者，共得四端。

一、自己尊重自己

吾国办学二十年，犹是从前的科举思想，熬上几个年头，得到文凭一纸，实是从前学生的普通目的。自己的成绩好不好，毕业后中用不中用，一概不问。平日荒嬉既多，一临考试，或抄袭课本，或打听题目，或请划范围，目的只图敷衍，骗到一张证书而已，全不打算自己要做一个什么样人，自己和人类社会有何关系。五四以前之学生情形，恐怕有大多数是这样的。

五四以后不同了。原来五四运动也是社会的各方面酝酿出来的。政治太腐败，社会太龌龊，学生天良未泯，便忍耐不住了。蓄之已久，迸发一朝，于是乎有五四运动。从前的社会很看不起学生，自有此运动，社会便重视学生了。学生亦顿然了解自己的责任，知道自己在人类社会占何种位置，因而觉得自身应该尊重，于现在及将来应如何打算，一变前此荒嬉暴弃的习惯，而发生一种向前进取，开拓自己运命的心。

二、化孤独为共同

“各人自扫门前雪，不管他人瓦上霜”，是中国古人的座右铭，也就是从前学生界的座右铭。从前的好学生，于自己以外，大半是一概不管，纯守一种独善其身的主义。五四运动而后，自己与社会发生了交涉，同学彼此间也常须互助，知道单是自己的好，单是自己有学问有思想不行，如想做事真要成功，目的真要达到，非将学问思想推及于自己以外的人不可。于是同志之联络，平民之讲演，社会各方面之诱掖指导，均为最切要的事，化孤独的生活为共同的生活，实是五四以后学生界的一个新觉悟。

三、对自己学问能力的切实了解

从前学生，对于自己的学问有用无用，自己的能力那处是长，那处是短，简直不甚了解，不及自觉。五四以后，自己经过了种种困难，于组织上、协同上、应付上，以自己的学问和能力向新旧社会做了一番试验，顿然觉悟到自己学问不够，能力有限。于是一改从前滞钝昏沉的习惯，变为随时留心、遇事注意的习惯了，家庭啦、社会啦、国家啦、世界啦，都变为充实自己学问，发展自己能力的材料。这种新觉悟，也是五四以后才有的。

四、有计划的运动

从前的学生，大半是没有主义的，也没有什么运动。五四以后，又经过各种失败，乃知集合多数人做事，是很不容易的，如何才可以不至失败，如何才可以得到各方面的同情，如何组织，如何计划，均非事先筹度不行。又知群众运动在某种时候虽属必要，但决不可轻动，不合时机，不经组织，没有计划的运动，显然做不成功。这种觉悟，也是到五四以后才有的。于此分五端的进行：

（一）自动的求学。在学校不能单靠教科书和教习，讲堂功课固然要紧，自动自习，随时注意自己发现求学的门径和学问的兴趣，更为要紧。

（二）自己管理自己的行为。学生对于社会，已经处于指导的地位。故自己的行为，必应好生管理。有些学生不喜教职员管理，自己却一意放纵，做出种种坏行。我意不要人家管理，能够自治，是好的。不要管理，自便放纵，是不好的。管理规则、教室规则等，可以不要，但要能够自守秩序。总要办到不要规则而其收效仍如有规则时或且过之才好，平民主义不是不守秩序，罗素是主张自由最力的人，也说自由与秩序并不相妨。我意最好由学生自定规则，自己遵守。

（三）平等及劳动观念。朋友某君和我说："学生倡言要与教职员平等，但其使令工役，横眼厉色，又俨然以主人自居，以奴隶待人。"我友之言，系指从前的学生，我意学生先要与工役及其他知识低于自己的人讲求平等，然后遇教职员之以不平等待己者，可以不答应他。近人盛倡勤工俭学，主张一边读书，一边做工。我意校中工作，可以学生自为。终日读书，于卫生上也有妨碍。凡吃饭不做事专门暴殄天物的人，是吾们所最反对的。脱尔斯太主张劳动主义。他自制衣履，自做农工，反对太严格的分工，吾愿学生于此加以注意。

（四）注意美的享乐。近来学生多有为麻雀、扑克或阅读恶劣小说等不正当之消遣，此固原因于其人之不悦学。尤以社会及学校正当之消遣为主要原因。甚有生趣索然，意兴无聊，因而自杀者。所以吾人急应提倡美育，使人生美化，使人的性灵寄托于美，而将忧患忘却。于学校中可实现者，如音乐、图画、旅行、游戏、演剧等，均可去做，以之代替不好的消遣。但切不要拘泥，只随人意兴所到，适情便可。如音乐一项，笛子胡琴都可。大家看看文学书，唱唱诗歌，也可以悦性怡情。单独没有兴会，总要有几个人以上共同享乐，学校中要常有此种娱乐的组织。有此种组织，感情可以调和，同学间不好的意见和争执，也要少些了。人是感情的动物，感情要好好涵养之，使活泼而得生趣。

（五）社会服务。社会一般的知识程度不进，各种事业的设施，均感痛苦。五四以来，学生多组织平民学校，教失学的人以普通知识及职业，是一件极好的事。吾见北京每一校有二三百人者，有千人者，甚可乐观。国家办教育，人才与财力均难，平民学校不费特别的人才与财力，而可大收教育之效，故是一件很好的事。又有平民讲演，用讲演的形式与平民以知识，也是一件好事。又调查社会情形，甚为要紧。吾国没有统计，以致诸事无从根据计划，要讲平民主义，要有真正的群众运动，宜从各种细小的调查做起。此次北方旱灾，受饥之民，至三千多万。赈灾筹款，须求引起各方的同情，北京学生联合会乃思得一法，即调查各地灾状，用文字或照片描绘各种灾情，发表出来，借以引起同情。吾出京时，正值学生分组出发，十人一组。即此一宗，可见调查之关系重要。

我以上所讲是普通的。最后对于湖南学生诸君，尚有二事，须特别说一说：

一、学生参与教务会议问题。吾在京时，即听见人说湖南学生希望甚高，要求亦甚大，有欲参与学校教务会议之事。吾于学生自治，甚表赞同，惟参与教务会议，以为未可，其故因学校教职员对于校务是负专责的，是时时接洽的。若参入不接洽又不负责任的学生，必不免纷扰。北大学生也曾要求加入评议会，后告以难于办到的理由，他们亦遂中止了。

二、废止考试问题。湖南学生有反对试验之事。吾亦觉得试验好多坏处。吾友汤尔和先生曾有文详论此事，主张废考，北大、高师学生废考甚力。吾对北大办法，则以要不要证书为准，不要证书者废止试验，要证书者仍须试验。

吾意学生对于教职员，不宜求全责备，只要教职员系诚心为学生好，学生总宜原谅他们。现在是青黄不接时代，很难得品学兼备的人才呵。吾只希望学生能有各方面的了解和觉悟，事事为有意识的有计划的进行，就好极了。

说青年运动

青年是求学的时期，青年运动，是指学生于求学以外，更为贡献于社会的运动。这种运动有两类：一是普通的；二是非常的。

普通的运动，如于夜间及星期日办理民众学校，于假期中尽有益社会之义务，如中央党部所列举的“识字运动”、“造林运动”等。这种运动，不但时间上无碍于学业，而经验上且可为学业的印证，于青年实为有益。

非常的运动，如“五四”与“三一八”等，完全为爱国心所驱迫，虽牺牲学业，亦有所不顾，这是万不得已而为之的。

青年的学业，为将来事业的准备，目前牺牲了一分学业，将来事业上，不知要受多少损失。孙中山先生所以能创定主义，率导革命，固仗天才，亦凭学力。我们读《孙文学说》、《建国方略》、《三民主义》的演讲，很可知道他的博学而深思。现在我们袭了孙先生的余荫，想把亟应建设的视野刻期实现，觉得很困难；这完全由于专门人才的不足，就是我们这一辈人，在青年时代，大半没有切切实实地用功，现在就想补习，也来不及了。个人成为废物，还是小事，把民族的事业耽误了，这个关系很重大。既往不咎，来日太难，将来的事业，全靠现代青年去担任。一般青年，若不以前一辈人为前车之鉴，而仍旧不肯好好儿求学，比现在还要紧张，怕中华民族，真要陷于万劫不复之地位了。

学业既这样重要，所以非有关乎国族存亡的大问题，断乎不值得牺牲的。若是为小小问题，如与一二教职员伤了感情，或为学校改换名称，要增加经费或校舍等，就认为运动的题目，因而罢课游行，甚至毁物毁人，都所不惜，这就完全失了青年运动的本义了。愿现代青年注意。

怎样才配做一个现代学生

我们这些似乎很可爱的青年男女，住在学校里，就可以算作现代学生么？或者能读点外文书，说几句外国语；或者能够“信口开河”地谈什么什么主义和什么什么文学，就配称作现代学生么？我看，这些都是表面的或次要的问题。我以为至少要具备下列三个条件，才配称作现代学生。

（一）狮子样的体力

我国自来把读书的人叫作文人，本是因为他们所习的是为文事的缘故，不料久而久之这“文人”两个字和“文弱的人”四个字竟发生了连带的关系。古时文士于礼、乐、书、数之外，尚须学习射、御，未尝不寓武于文。不料到后来，被一些野心帝王专以文字章句愚弄天下儒生，鄙弃武事，把知识阶级的体力继续不断地摧残下去；流毒至今，读书人所应有的健康，大都被毁剥了。羸弱的父母，哪能生出康强的儿女！先天既不足，而学校教育又未能十分注意体格的训练，后天也就大有缺陷。所以现时我国的男女青年的体格，虽略较二十年前的书生稍有进步，但比起东、西洋学生壮健活泼、生机勃勃的样子来，相差真不可以道里计。新近有一位留学西洋多年而回国不久的朋友对我说，他刚从外洋回到上海的时候，在马路上走，简直不敢抬头，因为看见那些孱弱已极、毫无生气的中国男女，不禁发生恐惧和惭愧的感觉。这位朋友的话，并不是随便邪说，任何人刚从外国回到中国国境，怕都不免有同样的印象。这虽是就普通的中国人观察而言，但是学校里的学生也好不了许多。先有健全的身体，然后有健全的思想事业，这句话无论何人都是承认的，所以学生体力的增进，实在是今日办教育的生死关键。

现今欲求增进中国学生的体力，惟有提倡运动一法。中国废科举，办学校，虽已历时二十余年之久，对于体育一项的设备太不注意。甚至一个学校连操场、球场都没有，至于健身房、游泳池等等关于体育上的设备，更说不上了。运动机会既因无“用武地”而减少，所以往往有聪慧勤学的学生，只因体力衰弱的缘故，纵使不患肺病、神经衰弱病及其他痼症而青年夭折，也要受精力不强、活动力减少的影响，不能出其所学贡献于社会，前途希望和幸福就从此断送，这是何等可悲痛的事！

今日的学生，便是明日的社会中坚、国家柱石，这样病夫式或准病夫式的学生，怎能担得起将来社会国家的重责？又怎能与外国赳赳武夫的学生争长比短？

体力的增进，并非一蹴而就。试观东、西洋学生，自小学以至大学，无一日不在锻炼陶冶之中。所以他们的青年，无不嗜好运动，兴趣盎然，一闻赛球，群起而趋之。这种习惯的养成，实非易事，而健全国民的基础，乃得以确立。这种情形，在初入其国的，会误认为一种狂癖；观察稍久，方知其影响国本之大。这是我们所应憬然猛省的。

外人因我国度庞大而不自振作，特赠以“睡狮”的怪号。青年们！醒来吧！赶快回复你的“狮子样的体力”，好与世界健儿一较好身手；并且以健全的体力，去运用思想，创造事业！

（二）猴子样的敏捷

“敏捷”的意思，简单说起来就是“快”。在这二十世纪的时代做人，总得要做个“快人”才行。譬如赛跑或游泳一样，快的居前，不快的便要落后，这是无可避免的结果。我们中国的文化，在两千年前，便已发展到与现今的中国文化程度距离不远。那时欧洲大陆还是蛮人横行的时代。而美洲，尚草莽未辟，更不用说。然而今日又怎样呢？欧洲文化的灿烂，吾人既已瞠乎其后，而美洲则更发展迅速。美利坚合众国立国至今不过一百五十四年，其政治、经济的一切发展，竟有“后来居上”之势。这又是什么缘故呢？这固然是美国的环境好，适于建设。而美国人的举动敏捷，也是他们成功迅速的一个最大原因。吾人试游于美国的都市，汽车、街车等等的风驰电掣不算，就是在大街两旁道上走路的人，也都是迈步直前，绝少左顾右盼、姗姗而迟，像中国人所常有的样子。再到他们的工厂或办事房中去参观，他们也是快手快脚的各忙各的事体。至于学校里的学生，无论在讲堂上、操场上、图书馆里、实验室里，一切行动态度，总是敏捷异常，活泼得很，所以他们能够在一个短时期内，学得多，做得多，将来的成就也自然的多起来了。掉转头来看看我国的情形，一般人是行动迟缓，姑且勿论；就是学校里的学生，读书做事，也大半有一些不灵敏。所以在初中毕业的学生，国文不能畅所欲言；在大学里毕业的学生，未必能看外国文的书籍。这不是由于他们的脑筋迟钝，实在是由于习惯成自然。所以出了学校以后，做起事来，仍旧不能紧张，依然“从容不迫”地做下去。西洋人可以一天做完的事，中国人非两天或三天不能做完。在效率上相差得这样多，所成就的事体，自然也就不可同日而语了。

关于这种迟缓的不敏捷的行动，我说是一种习惯，而且这种习惯是由青年时代养成的，并不是没有什么事实上的根据。我们可以用华侨子弟和留学生来做证明：在欧美生长的中国小孩，行动的敏捷，固足与外国小孩相抗衡；而一般留学生，初到外国的时候，总感觉得处处落人之后，走路没有人家快，做事没有人家快，读书没有人家快，在课堂上抄笔记也没有人家写得快、记得多，苦不堪言。但在这样环境中吃得苦头太多了以后，自然而然的一切行动也就渐渐的会变快了。所以留学生回国后，一切行动总比普通一般人要敏捷些。等到他们在百事迟钝的中国环境里住的时间稍为长久一点，他们的迟缓的老脾气，或者也会重新发作的。就拿与人约会或赴宴会做例子，在欧美住过几年的人，初回国的时候，大都是很肯遵守时间，按时而到；后来觉得自己到了，他人迟到，也是于事无益，呆坐着等人，还白白糟蹋了宝贵的时间，不如还是从俗罢。但是这种习惯的误事和不便，是人人所引为遗憾的。尤其是我们的青年人，应当积极纠正的。

青年们呀！现在已经是二十世纪的新时代了！这个时代的特征就是“快”。你看布满了各国大陆的铁道，浮遍了各国海洋的船舰，肉眼可看见的有线电的电线、不可见的无线电的电浪，可以横渡大西洋而远征南北极的飞机，城市地面上驰骋着的街车与汽车，地面下隧道中通行的火车与电车，以及工厂、农场、公事房、家庭中所有的一切机器，哪一件不是为要想达到“快”的目的而设定的？况且凡各种科学，无不日新月异的在那里增加发明。我们纵不能自己发明，也得要迎头赶上去、学上去，这都是非快不为功的。

据进化论的昭示，我们人类由猿猴进化而来，却是人类在这比较安舒的环境中，行动渐次变得迟钝，反比猴子略逊一筹，而中国人的怠惰程度更特别的高。以开化最早的资格，现今反远居人后，这是多么惭愧的事！现在我们的青年，如要想对于求学、做事两方面，力振颓风，则非学“猴子样的敏捷”，急起直追不可！

（三）骆驼样的精神

在中国四万万同胞中，各人所负责任的重大，恐怕要算青年学生首屈一指了！就中国现时所处的可怜地位和可悲的命运而论，我们几乎可以说：凡是可摆脱这种地位、挽回这种命运的事情和责任，直接或间接都是要落在学生们的双肩上。

第一是对于学术上的责任。做学生的第一件事就是要读书。读书从浅近方面说，是要增加个人的知识和能力，预备在社会上做一个有用的人；从远大的方面说，是要精研学理，对于社会国家和人类作最有价值的贡献。这种责任是何等的重大！读者要知道，一个民族或国家要在世界上立得住脚——而且要光荣地立住——是要以学术为基础的。尤其是，在这竞争剧烈的二十世纪，更要依靠学术。所以学术昌明的国家，没有不强盛的；反之，学术幼稚和知识蒙昧的民族，没有不贫弱的。德意志便是一个好例证：德人在欧战时力抗群强，能力固已可惊；大败以后，不到十年而又重列于第一等国之林，这岂不是由于他们的科学程度特别优越而建设力强所致么？我们中国人在世界上原来是很有贡献的——如发明指南针、印刷术、火药之类——所以现时国力虽不充足，而仍为谈世界文化者所重视。不过经过两千年专制的锢蔽，学术遂致落伍。试问在现代的学术界，我们中国人对于人类幸福有贡献的究竟有几个人呢？无怪人家渐渐看不起我们了。我们以后要想雪去被人轻视的耻辱，恢复我们固有的光荣，只有从学术方面努力，提高我们的科学知识，更进一步对世界作出新的贡献，这些都是不能不首先寄望于青年学生的。

第二是对于国家的责任。中国今日，外则强邻四逼，已沦于次殖民地的地位；内则政治紊乱，民穷财匮，国家的前途实在太危险了。今后想摆脱列强的羁绊，则非急图取消不平等条约不可。想把国民经济现状改良，使国家能享独立、自由、富厚的生活，则非使国内政治上轨道不可。昔日范仲淹为秀才时，便以天下为己任，果然有志竟成。现在的学生们，又安可不以国家为己任呢！

第三是对于社会的责任。先有好政治而后有好社会，或先有好社会而后有好政治？这个问题用不着什么争论，其实二者是相互影响的，所以学生对于社会也是负有对于政治同等的责任。我们中国的社会是一个很老的社会，一切组织形式及风俗习惯，大都陈旧不堪，违反现代精神而应当改良。这也是要希望学生们努力实行的。因为一般年纪大一点的旧人物，有时纵然看得出，想得到，而因濡染太久的缘故，很少能彻底改革的。所以关于改良未来的社会一层，青年所负的责任也是很大的。

以上所说的各种责任都放在学生们的身上，未免太重一些。不过生在这时的中国学生，是无法避免这些责任的。若不学着“骆驼样的精神”来“任重道远”，又有什么办法呢?

除开上述三种基本条件而外，再加以“崇好美术的素养”，和“自爱”、“爱人”的美德，便配称作现代学生而无愧了。

牺牲学业损失与失土相等（节选）

学生爱国，是我们所最欢迎的，学生因爱国而肯为千辛万苦的运动，尤其是我们所佩服的；但是因爱国运动而牺牲学业，则损失的重大，几乎与丧失国土相等。试问欧战期间，德国财政上非常竭蹶，然而并不停办学校把教育经费暂移到军费上去。因为学生是国家的命脉。征兵制的国家，且有人提议，著名学者虽其年龄在兵役期内，可以免服兵役者。此何以故？以学业为军队的后备，青年的资粮，不可轻易的牺牲。我们想一想：德国有了一个克虏伯，就能使本国的军械甲于世界；法国有了一个巴斯德，就能使本国酿酒、造丝、畜牧等事业特别稳固，国富顿增，而且为世界造福；美国有了一个爱迪生，就能使美国开了无数利源，于煤油、钢铁、铁路诸大王以外，显着他发明的长技。而且当国难时期，正是促进创造的机会，如萝卜制糖、海草取碘、从空气中吸取氮素等，皆因本国受封锁后，外货不到，自行创造的。现在我们军械不足，交通不便，财政尤感困难，正需要许多发明家如克虏伯、巴斯德、爱迪生这一类的人。我们的祖先，曾经发明过火药、指南针、印刷术等，知道我们民族不是没有创造力的。但是最近千年，教育上太偏于书本了，所以发明的能力远不如欧美人。我们这一辈模仿他们还来不及，虽有时也有一点补充，但是惊人的大发明，还说不到。若是后一辈的能为大发明家“有七年之病，求三年之艾”，还可以救我们贫弱的国家。倘若再因循下去，那真的不可救药了。

青年的爱国运动，若仅在假期或课余为不识字的人演讲时局，或快邮代电发表意见，自是有益无损的举动。现在做爱国运动的青年，乃重在罢课游行，并有一部分不远千里，受了好多辛苦，到首都运动。一来一往，牺牲了多少光阴，牺牲了多少学业。单就这几万青年而论，居今日科学万能的时代，又其境遇可以受高等教育，安知其中没有几十名、几百名的发明家？又安知其中没有少数发明家，可与巴斯德、爱迪生相等的？当青年时期，牺牲这么多的光阴与学业，岂不是很可怜、很可惜的吗？

孔子之精神生活

精神生活，是与物质生活对待的名词。孔子尚中庸，并没有绝对的排斥物质生活，如墨子以自苦为极，如佛教的一切惟心造；例如《论语》所记“失饪不食，不时不食”，“狐貉之厚以居”，谓“卫公子荆善居室”，“从大夫之后，不可以徒行”，对衣食住行，大抵持一种素富贵行乎富贵，素贫贱行乎贫贱的态度。但使物质生活与精神生活在不可兼得的时候，孔子一定偏重精神方面。例如孔子说：“饭疏食，饮水，曲肱而枕之，乐亦在其中矣；不义而富且贵，于我如浮云。”可见他的精神生活，是决不为物质所摇动的。今请把他的精神生活分三方面来观察：

第一，在智的方面。孔子是一个爱智的人，尝说：“盖有不知而作之者，我无是也；多闻，择其善者而从之，多见而识之。”又说：“多闻阙疑”，“多见阙殆”。又说：“知之为知之，不知为不知，是知也。”可见他的爱智，是毫不含糊，决非强不知为知的。他教子弟通礼、乐、射、御、书、数的六艺，又为分设德行、言语、政事、文学四科，彼劝人学诗，在心理上指出“兴”、“观”、“群”、“怨”，在伦理上指出“事父”、“事君”，在生物上指出“多识于鸟兽草木之名”。(例如《国语》说孔子识肃慎氏之石，防风氏骨节，是考古学；《家语》说孔子知萍实，知商羊，是生物学；但都不甚可信。）可以见知力范围的广大。至于知力的最高点，是道，就是最后的目的，所以说：“朝闻道，夕死可矣。”这是何等的高尚！

第二，在仁的方面。从亲爱起点，“泛爱众，而亲仁”，便是仁的出发点。他的进行的方法用恕字，消极的是“己所不欲，勿施于人”；积极的是“己欲立而立人，己欲达而达人”。他的普遍的要求，是“君子无终食之间违仁，造次必于是，颠沛必于是”。他的最高点，是“伯夷、叔齐，古之贤人也，求仁而得仁，又何怨”，“志士仁人，无求生以害仁，有杀人（身）以成仁”。这是何等伟大！

第三，在勇的方面。消极的以见义不为为无勇；积极的以童汪踦能执干戈卫社稷可无殇。但孔子对于勇，却不同仁、智的无限推进，而是加以节制。例如说：“小不忍则乱大谋。”“一朝之忿，忘其身以及其亲，非惑欤?”“好勇不好学，其蔽也乱。”“君子有勇而无义为乱，小人有勇而无义为盗。”“暴虎冯河，死而无悔者，吾不与焉，必也临事而惧，好谋而成者也。”这又是何等谨慎！

孔子的精神生活，除上列三方面观察外，尚有两特点：

一是毫无宗教的迷信；二是利用美术的陶养。孔子也言天，也言命，照孟子的解释，莫之为而为是天，莫之致而至是命，等于数学上的未知数，毫无宗教的气味。凡宗教不是多神，便是一神；孔子不语神，敬鬼神而远之，说“未能事人，焉能事鬼”，完全置鬼神于存而不论之列。凡宗教总有一种死后的世界；孔子说，“未知生，焉知死”，“之死而致死之，不仁而不可为也；之死而致生之，不知而不可为也”，毫不能用天堂地狱等说来附会也。凡宗教总有一种祈祷的效验，孔子说，“丘之祷久矣”，“获罪于天，无所祷也”，毫不觉得祈祷的必要。所以孔子的精神上，毫无宗教的分子。

孔子的时代，建筑、雕刻、图画等美术虽然有一点萌芽，还算是实用与装饰的工具，而不信为独立的美术；那时候认为纯粹美术的是音乐。孔子以乐为六艺之一，在齐闻韶，三月不知肉味，谓：“韶尽美矣，又尽善也。”对于音乐的美感，是后人所不及的。

孔子所处的环境与二千年后的今日，很有差别；我们不能说孔子的语言，到今日还是句句有价值，也不敢说孔子的行为，到今日还是样样可以做模范。但是抽象的提出他精神生活的概略，以智、仁、勇为范围，无宗教的迷信而有音乐的陶养，这是完全可以为师法的。